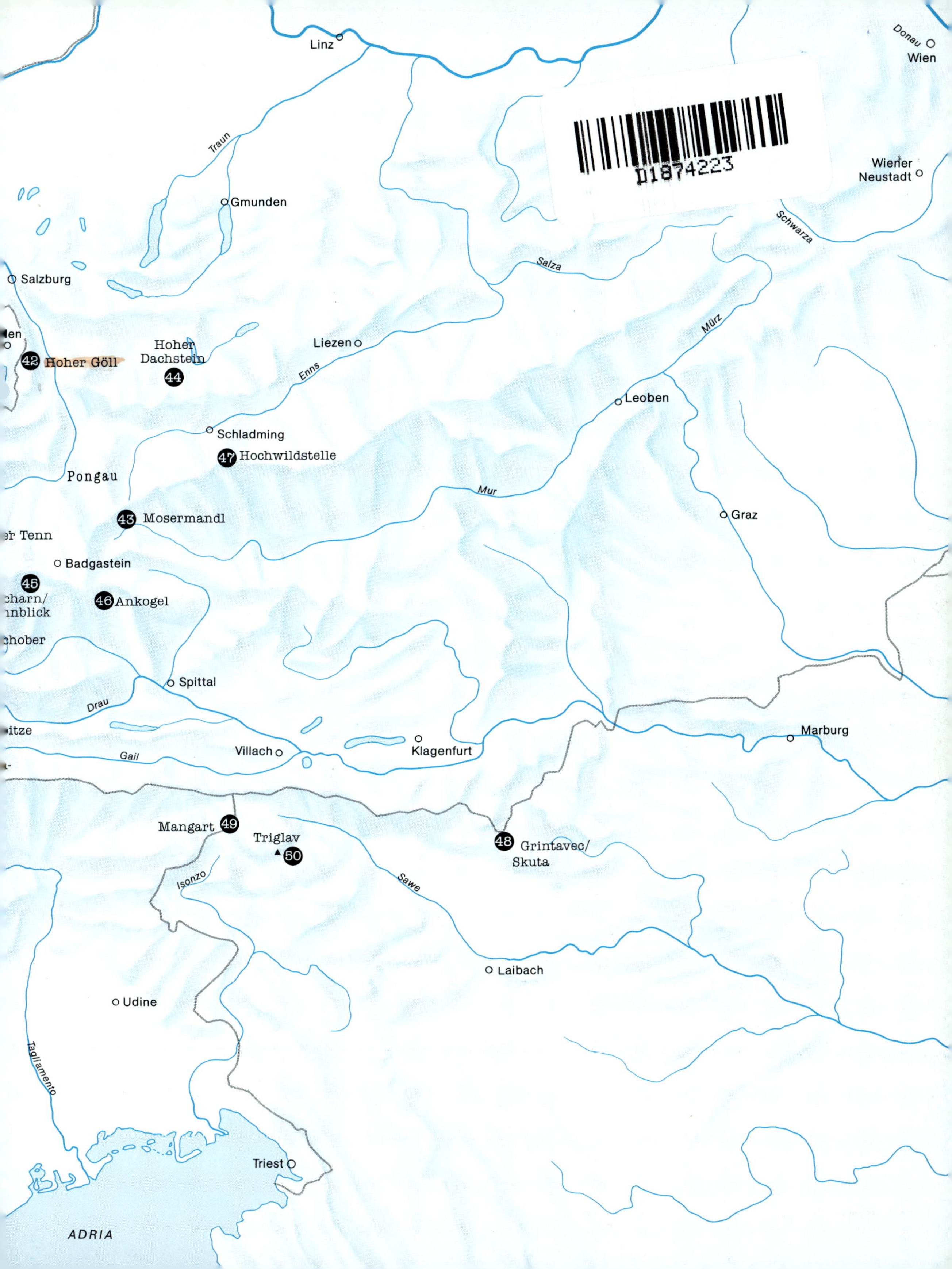
Linz
Donau
Wien
Traun
Wiener Neustadt
Gmunden
Schwarza
Salza
Salzburg
Mürz
len
Hoher Dachstein
Liezen
42 Hoher Göll
44
Enns
Leoben
Schladming
47 Hochwildstelle
Pongau
Mur
Graz
43 Mosermandl
er Tenn
Badgastein
45
charn/
nblick
46 Ankogel
chober
Spittal
Drau
itze
Marburg
Gail
Villach
Klagenfurt
Mangart 49
Triglav
50
48 Grintavec/
Skuta
Isonzo
Sawe
Laibach
Udine
Tagliamento
Triest
ADRIA

50 Gipfeltouren in den Ostalpen

Bergsteigen Band 2

Walter Pause

Neubearbeitung:
Michael Pause

BLV Verlagsgesellschaft
München Wien Zürich

Bei der Vorbereitung und Bearbeitung dieses Buches haben in freundschaftlicher Weise mitgeholfen: Gabi Daffner (Waakirchen); Johannes Führer (Köln); Walter Hellberg (Bischofsheim); Stefan Herbke (Aschheim); Maria Oberndörfer (Pöcking); Rainer Otterstädt (Würzburg); Ulrich Tubbesing (Bielefeld); Wolfgang Zeis (Altenerding) sowie als Zeichner der Kartenskizzen Christoph Burger (Unterwössen). Ihnen allen möchte ich an dieser Stelle herzlich für die engagierte Mitarbeit danken! Michael Pause

CIP-Titelaufnahme
der Deutschen Bibliothek

Pause, Walter:
Bergsteigen / Walter Pause. Neubearb.: Michael Pause. – München; Wien; Zürich: BLV Verlagsgesellschaft.

NE: Pause, Michael [Bearb.]
Band 2. Pause, Walter:
50 [Fünfzig] Gipfeltouren in den Ostalpen. 1988

Pause, Walter:
50 [Fünfzig] Gipfeltouren in den Ostalpen / Walter Pause.
Neubearb.: Michael Pause. – München; Wien; Zürich: BLV Verlagsgesellschaft, 1988
(Bergsteigen / Walter Pause; Band 2)
ISBN 3-405-13519-2
NE: Pause, Michael [Bearb.]

Gesamtherstellung: Passavia Passau

Printed in Germany · ISBN 3-405-13519-2

Inhalt

Bildnachweis

Titelbild (Ostalpen-Gipfelprofile, gesehen vom Gipfel der Schesaplana): Hans Steinbichler
S. 2/3 (Zwischen Pizzo Trésero und Punta San Matteo; vgl. Tour 23): Jürgen Penner
S. 6 (Am Marmolada-Westgrat): Wolfgang Rauschel

Achberger: S. 29, 30/31, 131
Beineke: S. 72
Bernhaupt: S. 118, 126
Bräuer: S. 82/83
Brandl: S. 19, 55, 58, 59, 95, 96, 98, 107, 113, 124
Bürger/Nußstein: S. 101
End: S. 103, 115, 116, 121, 123, 129, 132
Heiss: S. 11, 14/15, 18, 64, 85, 87, 88, 90/91, 93
Heldwein jun.: S. 91
Heldwein sen.: S. 51, 82
Herbke: S. 118/119
Herbst: S. 56, 80
Höfler: S. 33, 98/99
Hoi: S. 110
Kleim: S. 70/71
Köfferlein: S. 9, 105, 115
Mallaun: S. 34/35, 38/39, 41, 50/51, 63
Menara: S. 61
Modlmeier: S. 77, 79
Oberndörfer: S. 22, 23
Pause: S. 25
Penner: S. 2/3, 12, 14, 20, 69
Puntschuh: S. 47, 134
Rauschel: S. 6, 16, 48
Steinbichler: S. 79
Tubbesing: S. 26/27, 108, 126/127
Wagner: S. 135
Werner: S. 139
Zeis: S. 137
Zengerle: S. 36, 43, 45, 53, 66/67, 74/75, 110/111, 140/141

Karten: Christoph Burger

Vorwort

»... und dann wundern wir uns, daß auch andere die Einsamkeit lieben und daß wir sie mit ihnen teilen müssen.«

Wolf Schneider

In den Ostalpen gibt es Tausende von Gipfeln und ein Vielfaches an Gipfeltouren. Aus diesem Angebot 50 Anstiege herauszusuchen, wäre kein Problem, wenn es sich um beliebige Berge handeln dürfte. Vielen Bergsteigern aber geht es nicht um das Erlebnis am Berg allein, sie suchen dort auch den einen oder anderen Superlativ: hoch soll er sein, berühmt, elegant ... Diese Ansprüche schränken das Angebot an »Gipfelkandidaten« erheblich ein, verwandeln das Auswählen für ein Buch aber auch in ein reizvolles Spiel.
Grundlage für die vorliegende Tourenzusammenstellung waren die beiden vor mehr als zwanzig Jahren von meinem Vater Walter Pause verfaßten Bände »In Eis und Urgestein« und »Im Kalkfels der Alpen«. Diese Trennung in die Gipfel des Alpenhauptkamms und der Kalkalpen hatte damals sicher ihre Berechtigung, scheint mir heute – angesichts der Entwicklung von Bergwandern und -steigen und des Tourismus in den Alpenländern – nicht mehr sinnvoll zu sein. Gewiß haben viele Unternehmungen im Alpenhauptkamm einen anderen – und oft strengeren – Charakter als Touren in den Kalkalpen, aber auch dort gibt es recht anspruchsvolle Gipfel. Vernünftig erscheint mir heute vielmehr eine Trennung solcher Touren nach Ost- und Westalpengipfeln. Nicht, weil auch da angeblich so große Unterschiede in den bergsteigerischen Anforderungen bestehen, sondern weil es Bergsteiger aus dem deutschsprachigen Raum – aus welchen Gründen auch immer – offensichtlich stärker in den Ostalpenbereich zieht.
Aufgrund meiner eigenen Kenntnisse und der Informationen von Mitarbeitern habe ich mich in diesem Buch auf 50 Gipfel festgelegt, die zum größeren Teil schon in den Vorgängerbänden enthalten waren. Bei einer Reihe von Bergen empfehle ich heute eine andere Route als früher, einige Gipfel waren noch in keinem Buch dieser Serie vertreten. Die Auswahl reicht von der anspruchsvollen Bergwanderung bis zur strengen Hochtour in Firn und Fels. Dies bringt das breite Spektrum von Tourenmöglichkeiten in diesem Raum zum Ausdruck. Der eine oder andere Leser (und Bergsteiger) mag sich so dazu verleiten lassen, seine alpinen Fähigkeiten zu verbessern und gleichzeitig eine ganze Reihe höchst lohnender Gipfel kennenzulernen. Unter den 50 Tourenzielen befindet sich kein »Allerweltsgipfel«, alle sind in irgendeiner Weise bedeutend – sei es durch die Höhe an sich, durch die Gestalt, eine topographische Schlüsselstellung, eine klassische Route ... Drei Viertel der Gipfel ragt über die 3000-Meter-Grenze hinaus, der höchste reicht knapp an die 4000 Meter heran. Zwar lassen sich einige wenige Gipfel bei idealen Verhältnissen auch von konditionsstarken Bergwanderern erreichen, aber die meisten erfordern auch bei besten Bedingungen ein hohes Maß an alpiner Erfahrung und Verantwortungsgefühl, oft auch technisches Können in Fels und Eis.
Sämtliche Touren werden mit einem oder mehreren Bildern, einer Übersichtsskizze (bei reinen Klettertouren mit einer Anstiegsskizze), den stichwortartig zusammengefaßten wichtigsten Informationen sowie dem Text vorgestellt. Er soll nicht Schritt für Schritt die Route beschreiben, sondern vielmehr den Charakter und die Reize der jeweiligen Tour zum Ausdruck bringen. In der Oberzeile taucht neben Staat und Gebirgsgruppe der Hinweis auf, ob es sich um eine leichte Bergtour (LBT), eine Eistour (E), eine Felskletterei (F), einen Klettersteig (Kst), oder ein kombiniertes Unternehmen (z. B. E/F) handelt.
Bei den Stichworten wird die Tour unter der Rubrik »Charakter« insgesamt bewertet. Selbstverständlichkeiten sind hier nicht berücksichtigt (beispielsweise, daß auf Gletschern die Gefahr eines Spaltensturzes entsprechende Vorsichtsmaßnahmen erfordert u.ä.). Wenn man auf einer Tour spezielle Ausrüstungsgegenstände benötigt, ist dies unter dem Stichwort »Besondere Hinweise« angezeigt. Alle Zeitangaben beziehen sich auf die reine Gehzeit, Rastpausen sind also nicht eingerechnet. Jeder Benutzer dieses Bandes muß wissen, daß die hier angebotenen Informationen nur anregen können, keinesfalls aber die Benutzung der – angegebenen – Führerliteratur überflüssig machen.

Michael Pause

1 Cima di Rosso

Schaukanzel zwischen Bernina und Bergell

Schweiz
Bergeller Berge
3366 m
E/F

Talort Maloja, 1815 m, am Malojapaß.

Stützpunkt Forno-H., 2574 m, SAC, östl. über dem Fornogletscher, 3.30 Std. von Maloja durch das Fornotal und über den Fornogletscher (bez.).

Aufstieg Über Fornogletscher, SW-Flanke und obersten SW-Grat (I).

Abstieg Wie Aufstieg.

Zeiten Aufstieg 3–3.30 Std.; Abstieg zur Hütte 2 Std., Talabstieg 2–2.30 Std.

Charakter Hochtour auf einen der weniger schwierigen Bergeller Gipfel. Führt fast ausschließlich über mäßig steile Gletscher- bzw. Firnflächen. Wegen der Spaltengefahr Seilsicherung unerläßlich.

Führer Rütter/Grimm/Zisler: Clubführer Bündner Alpen, Band IV, Südl. Bergeller Berge und Monte Disgrazia, SAC, Bern. – P. Nigg.: Gebietsführer Bergell, Rother, München.

Karten LKS 1276, Val Bregaglia, und 1296, Sciora, 1:25000. – LKS 268, Julierpaß (oder 5013, Oberengadin – Engiadin'Ota), und 278, M. Disgrazia, 1:50000.

Von den berühmten, südlichen Seitentälern des Bergell hat der Fornokessel am wenigsten Spektakuläres zu bieten. Es fehlen die wuchtigen Granitkanten und -wände des Bondascatals, die eleganten Felsgipfel und Steileisflanken über dem Albignasee ... doch dieser Vergleich wird dem Fornogebiet nicht gerecht! Hier prägen Gletscher das Gesicht der Landschaft: eine kilometerlange Eiszunge in einem weiten Becken, genährt von riesigen Firnreservoirs, die in Wellen über die Talflanken herabfließen. Den einzigartigen Effekt für jeden Besucher dieser weiß und graublau schimmernden Welt aber macht ihre Eingangspforte aus: der grüne Grund von Cavloc – ein Alm-Idyll!

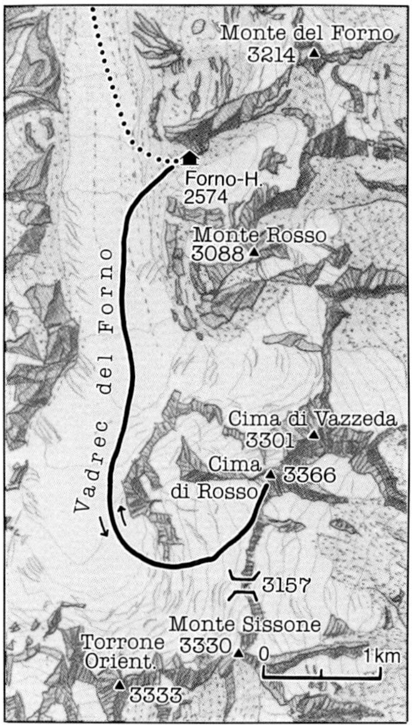

Nicht ohne Grund hat der Schweizer Alpen-Club die Forno-Hütte zu seinem zweiten Ausbildungsstützpunkt ausgebaut. Sämtliche hochalpinen Spielarten des Bergsteigens lassen sich hier vortrefflich üben, von leichten Klettereien über steile Eis- bis zu klassischen Skitouren. Angesichts der Vielzahl von Gipfeln und der Vielfalt an Tourenmöglichkeiten kann man leicht darüber hinwegsehen, daß es hier keinen »ganz großen« Gipfel gibt – einzig der Monte Disgrazia zählt zu dieser Kategorie, aber der ist von der Forno-Hütte nur in einer Gewalttour zu schaffen.

Zu den elegantesten Gipfeln über dem Fornokessel – dies verdeutlicht nebenstehendes Bild – gehört die Cima di Rosso. Die vom Gipfel abfallende Nordrippe wirkt wie ein felsiger Träger der Hängegletscher zu beiden Seiten, und auch den Westgrat umfließen zwei Gletscherarme. Die Cima di Rosso steht regelmäßig auf dem Programm der Ausbildungskurse; Ziel ist dann meistens allerdings nicht die Normalroute, sondern die rund 350 Meter hohe und bis zu 55 Grad steile Nordwand. Alle, die nicht im Weg, sondern im Gipfel das Ziel einer Bergtour sehen, geben sich an der Cima di Rosso mit dem relativ leichten Anstieg über die vergletscherte Südwestflanke zufrieden.

Die Route am Berg selbst ist von der Hütte nicht zu sehen. Man steigt daher am Morgen voller Spannung über den hartgefrorenen Fornogletscher dahin, hält beim Blick zur Nordwand für Augenblicke die Luft an und atmet erleichtert auf, wenn man ½ Stunde später die breite Westflanke passiert hat. Außer einigen Gletscherspalten versperrt kein Hindernis den Weg zum Gipfel. Man biegt nach Osten ab und steigt, vorsichtig allen Klüften ausweichend, über die weiten Gletscherhänge in Richtung Südgrat auf. Üblicherweise klettert man knapp unter dem Gipfel nach links auf den Westgrat und auf seiner Schneide zum höchsten Punkt; den erreicht man ebenso schnell und leicht über den obersten Südgrat.

Ganz nah an der Trennlinie zwischen Ost- und Westalpen läßt die Aussicht keine Wünsche offen. Selbst wenn Dunst und Wolken den Blick zu den entfernteren Gipfeln verdecken, entschädigen die Nahblicke zu Bernina und Disgrazia, zum Torrone-Zackenkamm und zu den Gipfeln um Piz Casnil und Piz Bacun für alle Anstiegsmühen. Apropos Piz Casnil: Dessen Gipfel stellt eine nicht minder schöne Aussichtskanzel als die Cima di Rosso dar, wie nebenstehendes Bild beweist. Auch hier bieten sich von der Forno-Hütte zwei lohnende Routen zur Auswahl an: Der Ostgrat mit einer rassigen IVer-Stelle an einer großen Platte ist nur etwas für erfahrene Kletterer, die auch perfekt sichern können; ganz anders der Südgrat, wo die Schwierigkeiten den II. Grad nie übersteigen. Während man dann am Gipfel zwischen Forno- und Albignabekken rastet, tasten die Augen die Albignaflanken ab, mit dem eisigen Schaustück der Cantun-Nordwand unmittelbar gegenüber.

Vom Piz Casnil erblickt man ganz links die Cima di Rosso mit ihrer Nordwand, darüber den gut 300 Meter höheren Monte Disgrazia; in der Mitte, über dem weiten Becken des Fornogletschers, der Monte Sissone, rechts der Felsturm des Torrone Orientale. Der Anstiegsweg auf die Cima di Rosso führt auf dem Fornogletscher rechts am Eis- und Felssockel des Bergs vorbei und über die nicht einsehbare Südwestflanke auf den Gipfel.

2 Piz Julier

Felsklotz über dem Oberengadin

Schweiz
Albula-Alpen
3380 m
F/Kst

Talort St. Moritz, 1822 m.

Stützpunkt Keiner.

Aufstieg Über Suvretta-Hs. – Alp Suvretta – Fuorcla Albana – Ostgrat (I).

Abstieg Wie Aufstieg.

Zeiten Aufstieg 4–5 Std.; Abstieg 2.30–3 Std.

Charakter Teilw. ges. Steig, der auf dem Grat – bes. bei Schneelage (!) – Trittsicherheit erfordert.

Führer Wenzel/Groß: Clubführer Bündner Alpen, Band VI, Albula, SAC, Bern.

Karten LKS 1257, St. Moritz, 1:25000. – LKS 268, Julierpaß, oder 5013, Oberengadin – Engiadin'Ota, 1:50000.

Der Autofahrer kennt ihn wenigstens dem Namen nach, und den Feriengästen in St. Moritz ist er als Hausberg immerhin vom Ansehen her vertraut. Nur die »ambitionierten« Alpinisten, diese notorischen Verkleinerer, für die das Oberengadin zumeist auf Bernina und Bergell zusammenschrumpft, die nehmen in der Regel keine Notiz von ihm. Das hat zwar weder dem Piz Julier noch den Albula-Bergen insgesamt irgendwie geschadet, wohl aber jenen touristischen Brennpunkten südöstlich des Inntals, dessen Besuch in der Hochsaison manchmal zum zweifelhaften Vergnügen geworden ist.

Bekanntlich können geschriebene Worte keine Berge, geschweige denn Bergsteiger »versetzen«, aber wer schon einmal in den überfüllten Notlagern der Diavolezza- oder Tschierva-Hütte nach Atem gerungen hat, erinnert sich vielleicht, daß das Oberengadin nicht bloß aus Piz Palü und Biancograt besteht. Vor allem diesen Piz Julier, den direkt überm obersten Inntal aufsteigenden Vorposten der Albula-Berge, sollte man sich genauer anschauen, vom Muottas Muragl etwa, der Alp Languard oder vom gegenüberstehenden Piz Nair: Als gewaltiger Felskoloß überragt er da turmartig um 1600 Meter den Silvaplanasee und um 1200 Meter den Julierpaß – ein steilwandiger, scharfkantiger Granitklotz, der augenscheinlich keine schwache Stelle aufweist. Daß sich in dem geschlossenen Aufbau sogar ein kleiner Hängegletscher, der Vadret Güglia, festsetzen konnte, verleiht dem ansonsten felsnackten Berg den Reiz des Besonderen.

Obwohl nicht die höchste Erhebung der Albula-Berge, ist der Piz Julier aufgrund seiner isolierten Randlage und seines charakteristischen Profils von allen Seiten leicht wiederzuerkennen. Umgekehrt ist natürlich auch die Aussicht am Piz Julier vom feinsten, nicht zuletzt wegen der idealen Distanz zur Bernina und der ungehinderten Tiefblicke ins Inntal.

Weil er lange als unbezwingbar galt, setzte das alpinistische Bemühen um diesen Berg relativ spät ein. 1859 schließlich gelang es den beiden Engadinern L. Saratz und J. Rüedi, den Gipfel durch die steinschlagträchtige Südwand zu erreichen. Die heutige Normalroute über den langen Ostgrat wurde erst 30 Jahre später entdeckt – und schon bald danach zu einem regelrechten »Weg« ausgebaut, ähnlich wie an den anderen beiden berühmten Oberengadiner Aussichtskanzeln Piz Languard und Piz Ot.

Im Unterschied zu diesen ist der um vieles alpinere Steig zum Piz Julier inzwischen größtenteils verfallen, besonders an den exponierten Stellen, wo die herunterhängenden Eisengeländer allenfalls noch als Orientierung dienen können. Wer hier also »Weg« mit »gehen« gleichsetzt, liegt vollkommen falsch, denn für Nur-Wanderer ist dieser Berg ein zu dicker Brokken. Andererseits zählt der Aufstieg

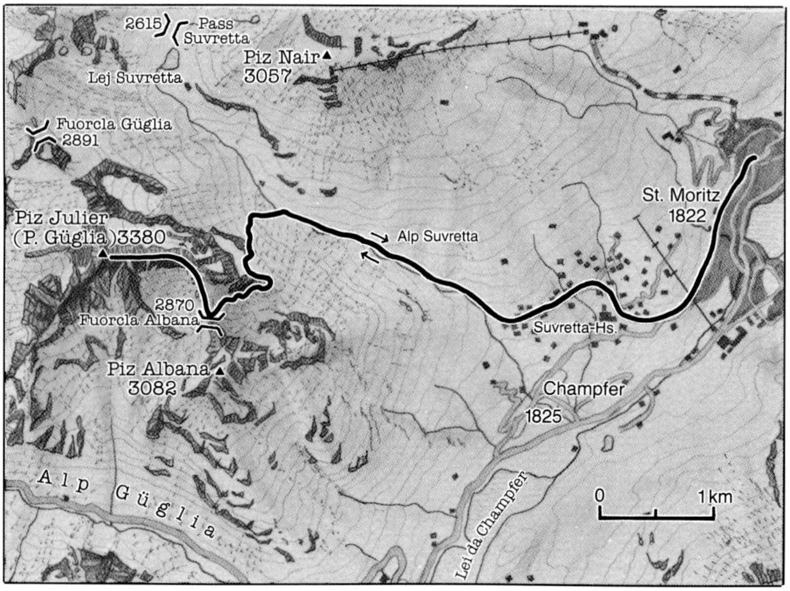

Vom Skiberg Piz Nair zeigt sich der Piz Julier als mächtiger Felsklotz über dem in zwei Gletscherbecken zerfallenden Vadret Güglia. Von links zieht der Ostgrat zum Gipfel, der dem Normalweg grob die Linie vorzeichnet.

Am Gipfelaufbau des Piz Julier verdient die Route entlang dem Ostgrat die Bezeichnung »Weg«. Deutlich sind die Haken und Drahtseilsicherungen zu erkennen.

über den teilweise exponierten Ostgrat zu der völlig freistehenden Felspyramide des Piz Julier zu den landschaftlich interessantesten Normalrouten im ganzen Engadin.
Man startet am besten beim Suvretta-Haus oberhalb St. Moritz, bleibt im Suvrettatal bis zur Brücke beim P.2311 und folgt dann den Markierungen und Wegkehren links empor in die Fuorcla Albana (2870 m), die enge Scharte zwischen dem Piz Julier und dem südlich vorgelagerten Piz Albana. Nun geht's rechts über Schutt und Geröll aufwärts zur ausgeprägten Südschulter des Ostgrats, auf dessen Scheitelhöhe sich nun alles weitere abspielt. Die Steintreppen und Drahtseile sind noch gut erhalten, nur die Eisengeländer – sofern vorhanden – sollten mit Vorsicht benutzt werden. Mit atemberaubenden Tiefblicken bewegt man sich mal südlich, mal nördlich der Gratkante, dabei immerzu die herrliche Gipfelpyramide vor Augen.
Unter dem letzten Steilaufschwung quert die Route nach links durch die Südwand des Vorgipfels hindurch in die breite Scharte vor dem Hauptgipfel. Falls diese Querung von einer großen Wächte versperrt wird, ist es am besten, direkt aus der Südwand zum Vorgipfel hinaufzuklettern (II). Der Schartenübergang erfordert dann nochmals Vorsicht, ehe die restlichen Meter zum höchsten Punkt zurückgelegt werden. Oben schaut man in einem Zuge 1600 Meter hinab zu den Silvaplanaseen, entdeckt tief unten St. Moritz, bestaunt die Firnbögen der Bernina, den mächtigen Monte Rosa, den klotzigen Ortler und hat Mühe, sich in dem Gipfelgewimmel der Albula-, Avers- und Adulaberge ringsum zurechtzufinden.

3 Piz Roseg

Überschreitung »Eselsgrat« – Nordwestgrat

Schweiz
Bernina-Gruppe
3937 m
E/F

Die tiefe harte Kerbe der Porta dal Roseg trennt den dreigipfeligen Piz Roseg energisch vom Berninastock. Frei, hoch und einsam ragt der eisige Klotz von fast 4000 Metern Höhe weit über die Eisströme von Tschierva, Sella und Roseg hinaus, als steile Pyramide von der Fuorcla Surlej her, als eine mit Eis befrachtete Felsburg vom Piz Morteratsch. Durch die drei Eisbalkone dieser ebenso grandiosen wie gefährlichen Nordostwand – das sollte man sich gelegentlich vor Augen halten – fanden Christian Klucker und Ludwig Norman-Neruda schon 1890 einen Weg; 1977 stürzte der Südtiroler Heini Holzer, bei mehreren extremen Felsklettereien Seilpartner von Reinhold Messner, bei einer Skibefahrung der Wand in den Tod.

Für »Normalbergsteiger« bleibt der Piz Roseg tabu. In dieser Tourenauswahl stellt er zweifellos die höchsten Anforderungen. Bereits der Normalweg mit seinem langen Zustieg über den zerklüfteten Sellagletscher erfordert ein hohes Maß an alpiner Erfahrung, erst recht aber die hier vorgeschlagene Kombination mit dem Nord- bzw. Eselsgrat. Ein Unternehmen dieser Größenordnung verlangt sorgfältige Vorbereitung: Da müssen Kondition und Ausrüstung »stimmen«, muß man die Riesentour mit Landkarte und Führerliteratur in allen Einzelheiten im voraus gedanklich bewältigen. Zur Vorbereitung gehört auch, sich beim Hüttenwirt der Tschierva-Hütte nach den Verhältnissen auf dem Gletscher und am Grat zu erkundigen; außerdem sollte man am Vorabend die Strecke bis zum Gletscher inspizieren, die man ja noch in der Dunkelheit zurücklegen wird.

Während des 7stündigen Aufstiegs von der Tschierva-Hütte ist man die meiste Zeit auf Eis und Firn unterwegs. Nur ganz zu Beginn geht es noch eher harmlos ein Stück am Moränensteig entlang, dann muß man am Tschiervagletscher das Seil anlegen. Oberhalb des unteren Bruchs

Talort Pontresina, 1805 m.

Stützpunkte Tschierva-H., 2583 m, SAC, am Rand des Tschiervagletschers, 3.30 Std. von Pontresina durch das Val Roseg. – Coaz-H., 2610 m, SAC, westl. über dem Roseggletscher, 4.30 Std. von Pontresina durch das Val Roseg.

Aufstieg Über Tschiervagletscher – »Eselsgrat« (N-Grat) – oberster NW-Grat – Schneekuppe, 3920 m, zum Hauptgipfel.

Abstieg NW-Grat bis zum Absatz bei P. 3598, dann W-Wandrinne, Vadret de la Sella und Vadret da Roseg zur Coaz-H.

Talabstieg Zurück nach Pontresina.

Zeiten Aufstieg 6 Std.; Abstieg zur Coaz-H. 4 Std., Talabstieg 2–3 Std.

Charakter Anspruchsvolle und anstrengende Hochtour auf eine der imponierendsten Berggestalten der Bernina-Gruppe. Spalten- und Eisschlaggefahr auf dem Tschiervagletscher. Im Abstiegscouloir und auf den Graten vorwiegend Steileis und -firn (Wächten), im Fels am »Eselsgrat« bis III+, am Übergang von der Schneekuppe zum Hauptgipfel I–II.

Führer M. Kurz: Clubführer Bündner Alpen, Band V, Bernina-Gruppe, SAC, Bern. – W. Flaig: Gr. Führer Bernina-Gruppe, Rother, München.

Karten LKS 1277, Piz Bernina, 1 : 25 000. – LKS 268, Julierpaß, oder 5013, Oberengadin – Engiadin'Ota, 1 : 50 000.

traversiert man die Eiszunge zur Felsinsel unterm Piz Umur, steigt über deren Rücken und westlich am Piz Umur entlang ins oberste Becken des westlichen Gletscherarms, das erneut in einem weit ausholenden Bogen zu queren ist. Dabei hält man gebührenden Abstand zum Eissegen, der von den Balkonen in der Nordostwand droht. Fürs erste sind hier alle Spalten- und Gletscherbruchgefahren überwunden.

Man ersteigt direkt den Firnrücken, der den Sockel des Nordgrats bildet, und gelangt über ihn sowie zwei folgende Gendarmen zum Fuß des großen Felsaufschwungs, der die von der Hütte schon sichtbare dicke Eisdecke trägt. Jetzt klettert man entweder direkt und schwierig (IV, doch kei-

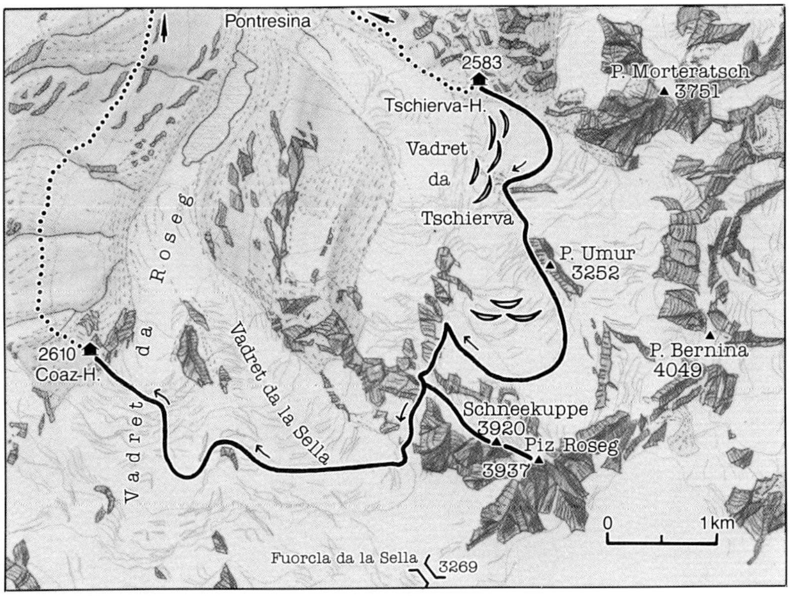

nesfalls, wenn vereist!) oder ostseitig über Bänder und Stufen ausweichend so lange schräg aufwärts, bis man nach rechts auf die Gratschneide aussteigen kann. Die Route folgt weiter dem Grat, dann geht es in einem Quergang westwärts mit Durchschlupf unter einem Überhang zu einem firnbedeckten Kamin, der zurück auf die obersten Gratfelsen leitet. Kurz darauf steht man auf dem Eisdach des Nordgrats und steigt den Firnhang zur großen Gratschulter hinauf, wo von rechts die Trasse des Normalwegs einmündet. Die nächste Strecke über Firn bis zur Schneekuppe ist technisch einfach, besonders im Vergleich zum Finale, dem ausgesetzten Gratübergang zum Hauptgipfel. Hier ist vor allem auf die Wächten zu achten!

Steil ist der Anstieg in die Scharte zwischen Schneekuppe und Hauptgipfel des Piz Roseg; wegen der gefährlichen Wächten muß man hier am oberen Rand der Nordostwand bleiben. Eine Zweierseilschaft hat nach der Durchsteigung der Eiswand nur mehr wenige Meter zum Vorgipfel zu bewältigen. In der Tiefe das Val Roseg, darüber die Hänge des Piz Corvatsch.

Der Piz Roseg mit seiner Breitseite, gesehen vom Aufstieg zum Piz Tschierva. In der Mitte der Hauptgipfel und die etwas höher wirkende Schneekuppe, mit deren Erreichen sich viele Roseg-Bezwinger begnügen. Weite Teile des Zustiegs über den Tschiervagletscher und fast der gesamte Aufstieg über den nach rechts in den Schatten abfallenden Nordgrat sind auf diesem Bild zu verfolgen.

Die Aussicht verdient Superlative. Wer mehr sehen will als Ortler, Weißhorn und Finsteraarhorn, der schaue sich in der Nähe um und studiere das System der nahen Bergeller Granitriesen, verliebe sich in Biancograt oder Disgrazia – und in den weingefüllten Talkessel des Veltlin.
Angesichts der Länge der Tour bleibt für eine lange Gipfelrast selten Zeit. Bis zur Wegteilung vor der Schulter im Nordwestgrat steigt man in den Aufstiegsspuren ab, dann wendet man sich scharf nach links, wo eine Firnrinne und der Rest eines Hängegletschers zum großen Eisstrom des Sellagletschers hinabziehen. Wer Glück hat, findet eine Trasse vor, die ihn sicher durch das Spaltengewirr zur Coaz-Hütte leitet. Ansonsten sind noch einmal aller Spürsinn und alpine Erfahrung gefragt.

Eine Seilschaft am Aufstieg vom felsigen Eselsgrat auf den Firn des Nordwestgrats in fast 3600 Metern Höhe. Über dem Rosegtal steht – jenseits des Engadin – das breite Massiv des Piz Kesch; rechts oben das Firndach des Piz Tschierva.

4 Piz Morteratsch

Über Morteratsch- und Tschiervafirn

Schweiz
Bernina-Gruppe
3751 m
E/F

Viele Alpinisten sehen im Piz Morteratsch allenfalls den nördlichen Ausläufer des Piz Bernina, einzig interessant wegen der berühmten Biancograt-Ansicht. Sie steigen bloß hinauf, um sich dort oben auf diese berühmteste Hochtour im Berninagebiet einzustimmen oder in Erinnerungen zu schwelgen. Eine derartig eingeengte Betrachtungsweise reduziert nicht nur die landschaftliche Vielfalt auf wenige populäre Brennpunkte, sie läßt oft das Wesentliche außer acht. Wer oben am Piz Morteratsch lediglich den Biancograt bestaunt, der kennt weder die Bernina-Gruppe richtig noch den Berg, auf dem er steht. Der Piz Morteratsch ist nämlich nicht nur eine exzellente Aussichtskanzel, er ist auch ein schöner Berg – und ein topographisch interessanter dazu. Seine dunkle Felsmasse drängt sich wie ein scharfer Keil südwärts zwischen Morteratsch- und Tschiervagletscher, und mit dem mächtigen, langgeschwungenen Firnscheitel darüber macht der Gipfel besonders von Nordosten eine gute Figur.
Die klare Abtrennung vom eigentlichen Berninastock in der Fuorcla Prievlusa betont die Eigenständigkeit des Piz Morteratsch, und der enorme Höhenunterschied zu den beiderseits an seinem Sockel abfließenden Gletscherzungen hebt seine Bedeutung. Touristisch ist hier alles aufs Beste bestellt: Es gibt zwei sehr günstig gelegene Hütten, zwei unproblematische Normalanstiege, meistens solide gespurte Routen im Firnbereich – und dennoch keinen Massenandrang, keinen Rückstau oder Wartezeiten von irgendwelchen berüchtigten Schlüsselstellen.
Die Ausrüstungsfrage ist schnell geklärt: Man benötigt nur das für Hochtouren Unentbehrliche. Die Hüttenfrage läßt sich allerdings nicht so pauschal beantworten: Wer anschließend noch den Biancograt oder den Piz Roseg im Sinn hat, muß die Tschierva-Hütte in Kauf nehmen, wer

Talort Pontresina, 1805 m; AP/EP Station Morteratsch, 1896 m, an der Berninabahn (Straße von Pontresina).

Stützpunkt Boval-H., 2495 m, SAC, über der Zunge des Morteratschgletschers, 2 Std. von der Station Morteratsch.

Aufstieg Über Vadret Boval Dadains – Fuorcla da Boval – N-Grat.

Abstieg Wie Aufstieg.

Zeiten Aufstieg 5.30–6 Std.; Abstieg zur Boval-H. 3 Std., Talabstieg 1–1.30 Std.

Charakter Lange Gletschertour auf einen großartigen Aussichtsberg, die unter der Fuorcla da Boval über Schrofengelände führt (bez. Route). Seilsicherung auf den streckenweise steilen Gletscherpassagen!

Hinweis Auf- und Abstieg bei etwa gleichem Zeitaufwand auch von der Tschierva-H. mögl., wobei beide Routen an der Fuorcla da Boval zusammentreffen.

Führer M. Kurz: Clubführer Bündner Alpen, Band V, Bernina-Gruppe, SAC, Bern. – W. Flaig: Gr. Führer Bernina-Gruppe, Rother, München.

Karten LKS 1277, Piz Bernina, 1:25000. – LKS 268, Julierpaß, oder 5013, Oberengadin – Engiadin'Ota, 1:50000.

einzig auf den Piz Morteratsch will, der meide diesen bisweilen zum Bersten gefüllten Beherbergungsbetrieb vor *dem* Firngrat in den Alpen schlechthin. Die Boval-Hütte am Morteratschgletscher ist dagegen viel gemütlicher, überdies schneller zu erreichen, nämlich in gut 2 Stunden von der Station Morteratsch. Was stört es da, daß der Aufstieg von der Tschierva-Hütte etwas bequemer gewesen wäre, 1200 Höhenmeter sind es in beiden Fällen, die Bovalseite ist halt nur ein bißchen steiler.
Nächtlicher Aufbruch ist hier nicht vonnöten. Wen es dennoch schon in der Dunkelheit bergwärts drängt, der sollte den Steig zum Vadret Boval bereits am Vortag inspiziert haben: Enge Serpentinen zu Beginn, ein paar

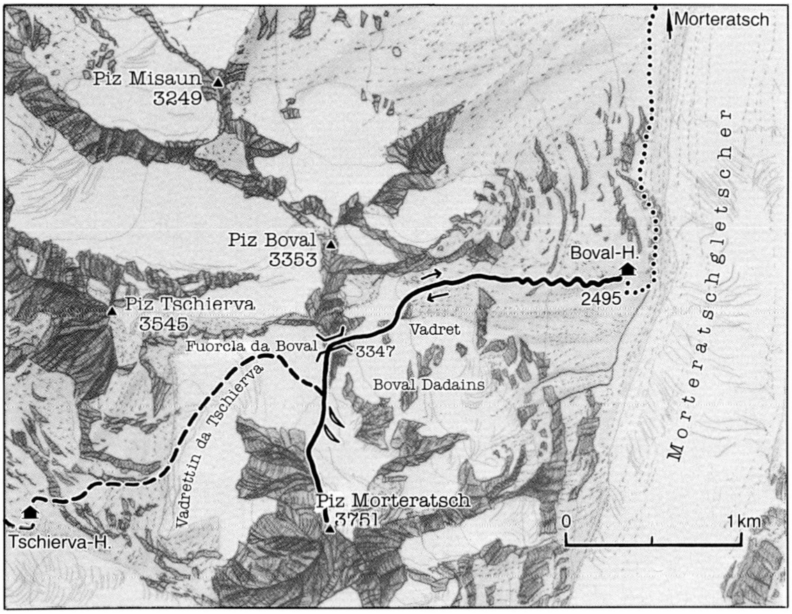

An der Fuorcla da Boval, 3347 m, wird der Aufstieg zum Piz Morteratsch endgültig zur Eistour. Bergschründe, Steilhänge und verwächtete Gratpartien wechseln nun bis zum Gipfel (links hinten) ab. Je nach den Verhältnissen an der großen Randkluft weicht die Spur – wie hier im Bild – nach links in die Flanke aus.

Felsbänke und weiter oben nichts als Schutt, denn der Bovalgletscher hat sich mittlerweile weit zurückgezogen und ein trostloses Moränenfeld hinterlassen. Erst kurz unterhalb der Fuorcla Boval knirscht richtiger Firn unter den Sohlen – allerdings nur kurze Zeit, denn der direkte Anstieg durch das Couloir in die Scharte wäre zu riskant und zwingt zu einem Umweg. Die Felsbänke rechts daneben sind gefahrloser und einfacher, zudem ist die Route mit roten Punkten gut markiert.
Aus der Fourcla Boval geht's einige Meter zur Tschiervaseite hinab bis zu der von der dortigen Hütte heraufziehenden Trasse, dann weiter über zwei mitunter tiefgründige Bergschründe und einen kurzen Steilhang zu dem hübsch geschwungenen Firngrat. Bei guten Schneeverhältnissen ist der Rest ganz einfach; bei Vereisung oder zu starker Verwächtung verläßt man den Grat, sobald er steiler wird, umgeht den rundlichen Vorgipfel in der Ostflanke und erreicht so ohne Risiko den felsigen Hauptgipfel.
Droben schaut jedermann natürlich zunächst nach Süden, zu den Pfeilern des Piz Palü, zum berühmten Firngrat des Piz Bernina und zum Kamelrükken des Piz Roseg. Aber es gibt noch viel mehr zu entdecken: Gegen Norden breitet sich das Gipfelmeer Graubündens aus, ostwärts imponieren Ortler, Königsspitze und die Ötztaler Alpen, und nach Westen begrenzen erst die Walliser Alpen mit der alles überragenden Monte-Rosa-Ostwand den Horizont.

Rückblick vom Gipfelanstieg zum schön geschwungenen Nordgrat und zur Fuorcla da Boval (in der Tiefe am rechten Bildrand); über den Nordgratwächten der Kegel des Piz Misaun und das Oberengadin mit Samedan. Vor dem Wolkengebräu über Graubünden stehen (von links) Piz Ort, Piz Üertsch und Piz Kesch. Das Bild ist der »Gegenschuß« zum Foto auf der linken Seite.

Der Piz Palü mit seinen drei wuchtigen ▷ Nordwandpfeilern beherrscht den Ausblick von der Boval-Hütte.

5 Pizzo di Coca

Der höchste Gipfel der Bergamasker Alpen

Italien
Bergamasker Alpen
3050 m
F

Talort Valbondione, 864 m, im Valle Seriana, Straße/Bus von Bergamo.

Stützpunkte Rif. Coca, 1892 m, CAI, südl. unter dem Pizzo di Coca, 3 Std. von Valbondione. – Rif. Curò, 1915 m, CAI, am Lago del Barbellino, 3.15 Std. von Valbondione.

Aufstieg Über den S-Kamm bis zur Bocchetta del Polledrino, weiter zur Bocchetta del Camoscio und über den SO-Grat (I) zum Gipfel.

Abstieg SO-Grat – Bocchetta del Camoscio – Rif. Curò.

Talabstieg Nach Valbondione.

Zeiten Aufstieg 3.30 Std.; Abstieg 3–4 Std., Talabstieg 1.30–2 Std.

Charakter Bis zur Bocchetta del Camoscio Wanderung auf bez. Steig, dann einige leichte Kletterstellen (gesamte Route bez.). – Beim Abstieg unangenehme Schuttrinne unterhalb der Bocchetta del Camoscio (ebenfalls bez.).

Führer Saglio/Corti/Credaro: Alpi Oróbie, CAI/TCI, Milano (vergriffen). – Deutschsprachiger Führer in Vorbereitung.

Karten IGM 057, Malonno, 1:50000. – CAI Bergamo, Le Oróbie, 1:50000. – Kompass 104, Foppolo – Valle Seriana, 1:50000.

Die Bergamasker Alpen bilden, nur eine Autostunde von Dom und Scala entfernt, das Herz der Mailänder Hausberge. Ein erster Blick auf die Karte verleitet zu dem Schluß, daß es sich bei dem Gebirge am Alpenrand um ein reines Kalkmassiv handeln muß. Ein deutlicher Hinweis, daß die Regeln der »alpinen Gesteinsordnung« für diese Bergamasker Alpen nicht zutreffen, ist die Benennung der Gruppe durch die Italiener: Sie unterscheiden zwischen den aus Kalk aufgebauten Vorbergen im Süden (»Prealpi Bergamasche«), den dunklen Gneisgipfeln des Hauptkamms im Norden (»Alpi Oróbie«) und dem im Westen etwas isoliert aufragenden Kalkstock der Grigna. Die bergbegeisterten Großstädter finden also zwischen Comer See, Veltlin und dem für seine prähistorischen Felszeichnungen berühmten Val Camonica alle Möglichkeiten, Bergsport zu betreiben: grüne Wanderkämme, schlanke Kalkriffe, hochalpine Gipfel mit Urgestein und mehr als einem Dutzend Gletschern in der über 3000 Meter hoch aufragenden Barriere im Norden.

Zwei Täler mit zahlreichen Seitenarmen spreizen sich von Bergamo weit in dieses Gebirge hinein: das Val Brembana im Westen und das Val Seriana im Osten. Beide Täler führen zu interessanten Bergen: das Val Brembana zur Pyramide des Pizzo del Diavolo di Tenda – mit einer hübschen Überschreitung in bestem Fels, großartigem Ausblick und Dinosaurierspuren in 2800 Meter Höhe –, das Val Seriana zum Pizzo di Coca – dem mit 3050 Metern höchsten Gipfel der Bergamasker Alpen. Hauptattraktion im Talschluß des Val Seriana war früher der mit 315 Meter Fallhöhe höchste Wasserfall Italiens; seit die Wasser des Barbellino-Kessels aufgestaut sind, ist das Naturschauspiel einmal jährlich im Juli zu besichtigen – dank der »Gnade« der Energiewirtschaft!

Die beiden über dem Talschluß gelegenen Hütten, das Rifugio di Coca und das Rifugio Curò, wurden in den letzten Jahren erweitert und gut ausgestattet. Die Hüttenwirte kochen um die Wette, um die Gäste vom Tal anzulocken. Eine Überschreitung des Pizzo di Coca von der einen Hütte zur anderen besitzt daher auch einen kulinarischen Reiz.

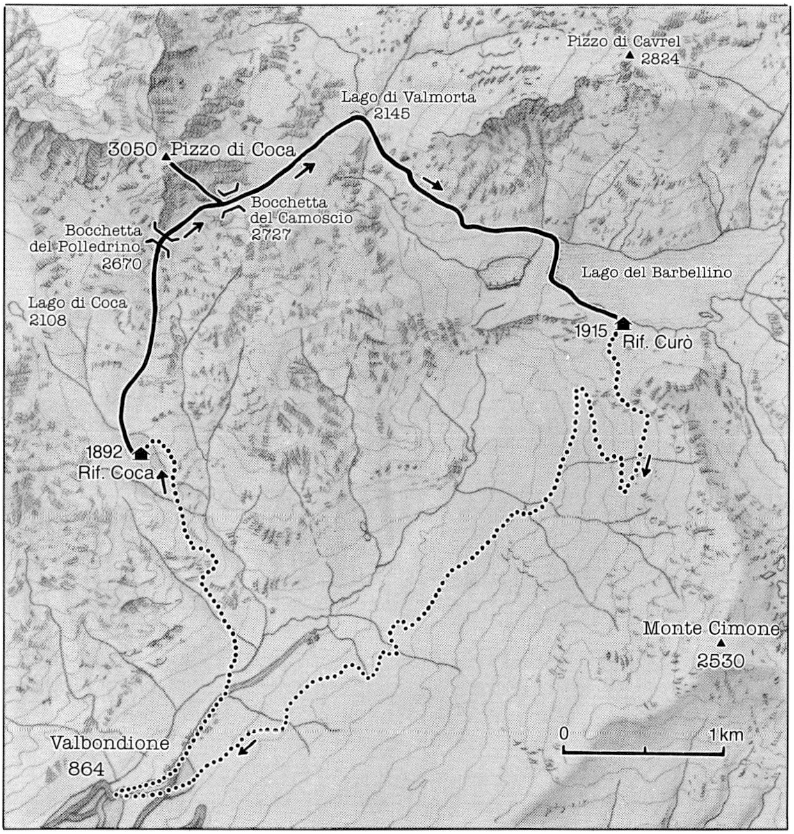

Der Pizzo di Coca ist eine aus Orthogneisen und tonhaltigen Schiefern aufgeschichtete, mächtige Pyramide, die sich von allen Seiten mit imponierenden Graten zeigt. Der Aufstieg über den Nordgrat gehört zu den großen Kletterfahrten in den Bergamasker Alpen, vergleichbar mit dem Cortigrat an der benachbarten Punta di Scàis. Der Normalweg über den Südostgrat indessen verlangt nur an manchen Stellen leichte Kletterei.
Vom Rifugio di Coca wandert man ein Stück am Cocabach aufwärts bis zu einer kleinen Hochfläche. Dort überquert man den Bach und steigt über Wiesenhänge nach Nordosten der roten Markierung nach auf den Rücken, der sich vom P.2687 herabzieht, und weiter zum deutlichen Einschnitt im Südgrat, der Boccetta del Polledrino. Nun quert man nur wenig steigend zur Bocchetta del Camoscio im Südostgrat, die oberhalb eines plattigen Felsturms liegt. Hier beginnt der eigentliche Gipfelanstieg. Geschickt leiten die Markierungspunkte durch die Felsen – Rippen und Wandstück umgehend – direkt hinauf zum höheren der beiden Gipfel, der vom Haupt-

kamm etwas nach Süden vorspringt. Begeisternd schön ist der Ausblick vom Gipfel: Im Osten liegt das grüne Becken von Barbellino, umgeben von einem Kranz markanter Gipfel, im Süden dominiert die helle Kalkmauer der Presolana, und direkt gegenüber, auf der Westseite des Cocatals erheben sich die gewaltigen, dunklen Felswände von Redorta und Scàis. Den Hintergrund bilden die hohen Alpengipfel von den Viertausendern im Wallis und im Berner Oberland über die nahen Gipfel von Bergell und Bernina bis zu den Ötztaler, Ortler- und Adamello-Bergen – aus ganz ungewohntem Blickwinkel.

Will man von der Bocchetta del Camoscio zum Rifugio Curò absteigen, muß man erst durch eine unangenehme, steile Schuttrinne abklettern, ehe man über Schnee- bzw. Geröllfelder nach Nordosten in das Valmorta gelangt, auf dessen orographisch linker Seite der Weg zum Barbellino-Stausee führt und unterhalb der Staumauer quert. Schließlich folgt man dem breiten Weg am Südufer des Stausees zur Hütte.

Rast am Nordostgrat des Pizzo di Coca. Im Tal rechts ist die Höhensiedlung Lizzola zu erkennen mit den Narben einiger planierter Skipisten. Links oben türmen sich Wolken über der Kalkmauer der Presolana.

Das Valbondione im Abendlicht. Unten die Häuser von Lizzola, darüber die beiden höchsten und einzigen Dreitausender der Bergamasker Alpen, der Pizzo di Redorta (links) und der etwas höhere Pizzo di Coca. Der Anstieg auf den Pizzo di Coca führt durch die schattige Mulde unter dem Gipfelaufbau und über den rechts ansetzenden (Südost-)Grat zum höchsten Punkt.

6 Cima Viola

Einsamkeit zwischen Bernina und Ortler

Italien
Livigno-Alpen
3374 m
F/E

Man muß es einmal erlebt haben: Bergsteiger aus dem deutschen Sprachraum, die bei klarer Sicht auf Ortler oder Piz Palü rasten und dabei die Gipfel des Panoramas bestimmen. Die Aufzählung der Namen gerät meist ins Stocken, wenn jene Gruppe ins Blickfeld rückt, die sich – mit durchaus eindrucksvollen Gestalten – zwischen den beiden berühmten Gipfeln befindet. Da tippt dieser auf den Pizzo Tresero, jener auf die Gipfel der Bergamasker Alpen. Die richtige Bezeichnung Grosina-Gruppe oder die übergeordneten Livigno-Alpen dürfte den wenigsten über die Lippen kommen.

Es ist keine Frage: Die Täler und Gipfel um Scima da Saoseo, Cima Viola und Cima de' Piazzi werden auch in absehbarer Zukunft ein Refugium von Stille und Einsamkeit bleiben. Das garantiert allein schon die Anfahrt von Norden: durch das Unterengadin

Talort Valdidentro, 1345 m, mit dem Hauptort Isolaccia, Gemeinde westl. oberhalb Bormio, Bus/Straße von dort; AP/EP Parkplatz (vor Verbotsschild), 2080 m, an der Straße von Valdidentro durch das Val Viola (4,5 km von der »Arnogakehre« der Foscagno-Paßstraße).

Stützpunkt Cap. Dosdè, 2824 m, CAI, immer geöffnet, an Sonn- und Feiertagen einfach bew. Unterkunft auf dem gleichnamigen Paß zwischen Scima da Saoseo und Cima Viola, 2.45 Std. vom Parkplatz auf bez. Weg durch das Val Cantone di Dosdè.

Aufstieg Über W-Flanke und W-Grat.

Abstieg Wie Aufstieg.

Zeiten Aufstieg 2 Std.; Abstieg zur Hütte 1–1.30 Std., Talabstieg 2 Std.

Charakter Kombinierter Fels- und Firnaufstieg zum zweithöchsten Gipfel der großen, aber absolut unbekannten Berggruppe zwischen Bernina und Ortler. – Ab Hütte weglos, im Fels unschwierig (I).

Hinweis Bergschrund unter dem Gipfelaufbau nicht unterschätzen!

Führer Existieren über die gesamte Gruppe nicht. Ein Führer des CAI/TCI ist seit langem geplant, ein Erscheinen in diesem Jahrhundert aber nicht wahrscheinlich.

Karten LKS 1278, La Rösa, 1:25000, oder 269, Berninapaß, 1:50000. – FB 51, Bernina und Engadiner Alpen, 1:100000.

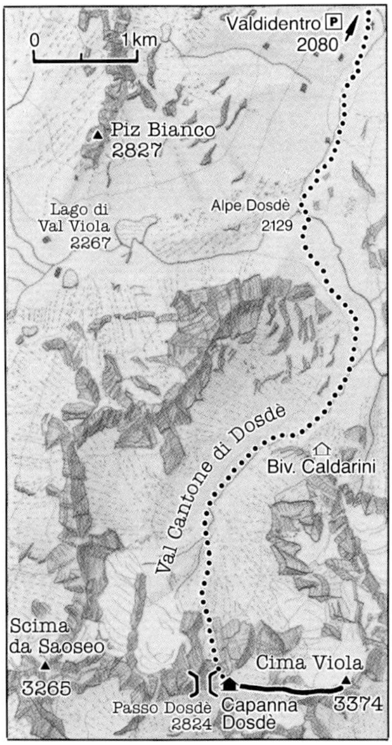

nach Zernez, über den Ofenpaß, durch den Puntla-Drossa-Tunnel nach Livigno, schließlich über Eira- und Foscagnopaß ins italienische Val Viola, das die Gruppe im Norden begrenzt. Bewirtschaftete Hütten gibt es nicht, nur Biwakschachteln und die zeitweise einfach bewartete, winzige Hütte am Passo Dosdè.

Die Cima Viola ist der zweithöchste Gipfel der Gruppe, ihr höchster Punkt dennoch aus dem Grund des Val Viola nicht zu sehen. Die Firnhaube des Nordgipfels allein verspricht ein lohnendes Ziel. Nach den Informationen, die man sich mühsam zusammenkratzt, und nach einem Blick auf das Blatt 269 der Schweizer Landeskarte sollte der Anstieg nicht mit irgendwelchen technischen Schwierigkeiten überraschen. Man ist in jedem Fall gespannt, wenn man vom Parkplatz im Val Viola aufbricht ...

Mit der erwähnten Landeskarte ist die Orientierung kein Problem; an den Hütten der Alpe Dosdé vorbei geht es in einen flachen Talboden hinein, über dem die zerrissenen Eislappen des Dosdégletschers und dunkle Felsgrate hochalpine Akzente setzen. Die Markierungen leiten am Talschluß rechts hinauf in den Kessel des Val Cantone di Dosdé, dann über Gras- und Geröllhänge genau nach Süden in den Einschnitt des Passo di Dosdé mit der gleichnamigen Hütte der CAI-Sektion Bormio. Ein Schild bittet dort übrigens die Gäste, »die Hütte in Ordnung zu kompostiren wieder verlassen und mit vom Berg zu nehmen«. Der Autor dieses Buches bittet darum, die Hütte an Ort und Stelle stehen zu lasen.

Erst hier lüftet sich das Geheimnis um die Schwierigkeit des Anstiegs auf die Cima Violà; die Natur zeichnet den Weg klar vor. Einem wuchtigen Felssporn südlich ausweichend, gelangt man über ein System von Bändern an den unteren Rand des Val-Viola-Gletschers. Auf ihm hält man sich stets möglichst weit rechts, achtet auf die Randspalte und entscheidet sich vor Ort, ob man über den felsigen Westgrat oder über den obersten Gletscher zum Gipfel gelangt. Über die Namen der markanten Gipfel im Westen und Osten gibt es hier keine Diskussionen.

Die Cima Viola unter herbstlichem Neuschnee. Unten rechts die kleine Dosdè-Hütte auf dem gleichnamigen Paß, Ausgangspunkt für den Normalweg über den Violagletscher. Links im Hintergrund der 20 Meter niedrigere Ostgipfel.

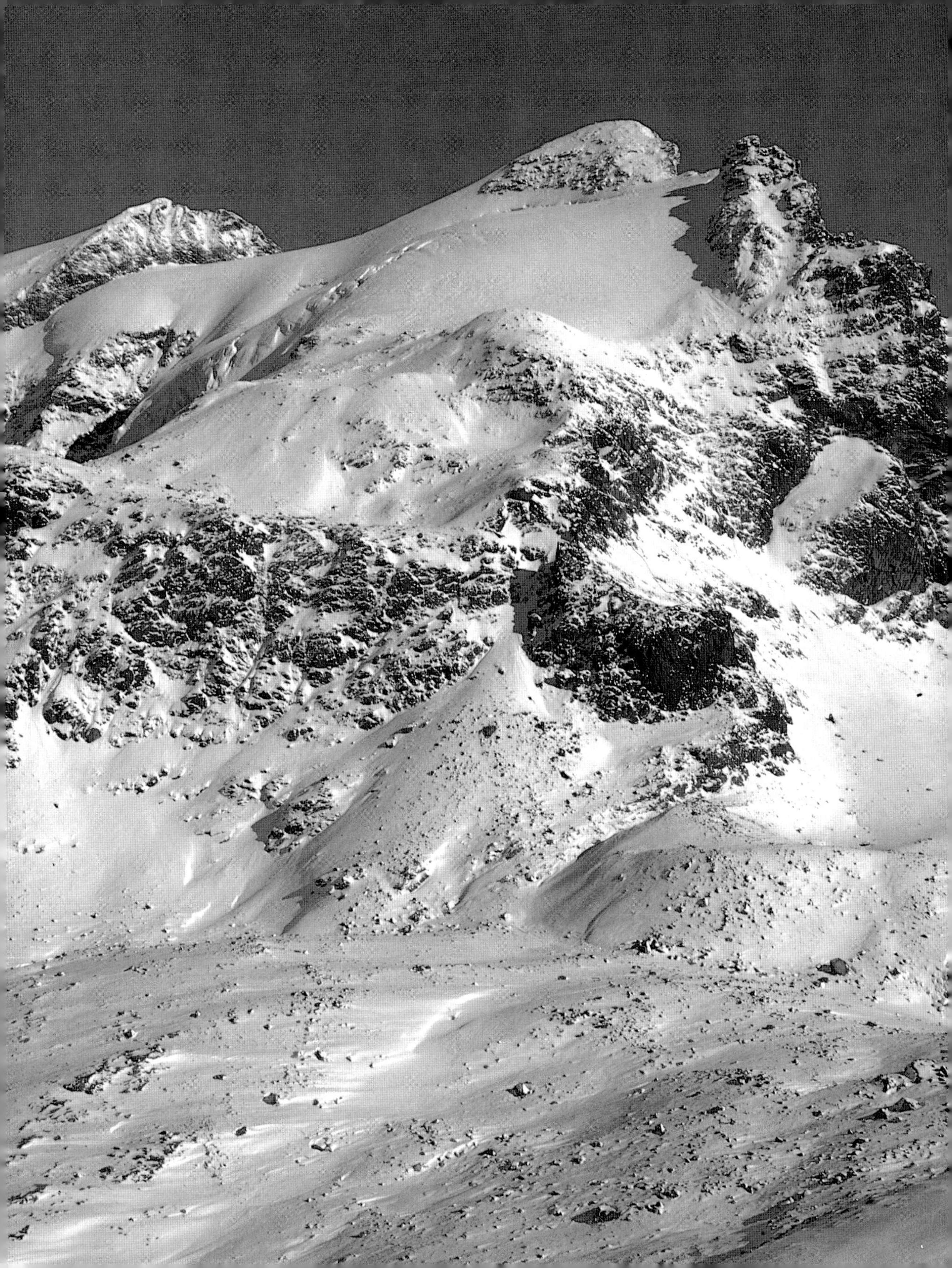

7 Piz Ela

Kalkbastion im Bündner Granit

Schweiz
Albula-Alpen
3338 m
F

Talorte Filisur, 1032 m, und Bergün, 1367 m, an Albulastraße und -bahn.

Stützpunkt Ela-H., 2252 m, SAC, im hint. Val Spadlatscha, 3.45 Std. von Filisur durch das Tal, 3.15 Std. von Bergün über die Alp Uglix.

Aufstieg Über W-Wand und W-Grat (II–III).

Abstieg Wie Aufstieg.

Zeiten Aufstieg 4–5 Std.; Abstieg zur Ela-H. 3–4 Std., Talabstieg nach Bergün oder Filisur 1.30–2 Std.

Charakter Abwechslungsreiche Kletterei in leichtem Fels auf großartigen Aussichtsgipfel.

Führer Wenzel/Groß: Clubführer Bündner Alpen, Band VI, Albula, SAC, Bern.

Karten LKS 1236, Savognin (für den Aufstieg von Filisur zusätzl. Blatt 1216, Filisur), 1:25000. – LKS 258, Bergün, 1:50000.

Der höchste Gipfel der »Bergüner Stöcke« über dem rätischen Dorf Bergün, der 3340 Meter hohe Piz Ela, bildet zusammen mit Tinzenhorn und Piz Mitgel eine Kalkfestung inmitten des Bündner Granits und seiner ruhigen alten Formen. Erst wenn man durch kleine Seitentäler aufsteigt, entdeckt man die imponierenden Felshörner mit ihren mauergleichen Flanken.

Der Piz Ela ist natürlich ein reiner Kletterberg, nichts für Bergwanderer! Der leichteste Weg, am meisten benützt, verläuft dicht am Westgrat und gilt als mäßig schwierig, an wenigen Stellen schwierig. Erfahrene und konditionsstarke Kletterer lockt die Überschreitung des Piz Ela, mit dem Aufstieg über den Südostgrat (III, an einer Stelle IV) und dem Abstieg am Normalweg – ein strenges, mindestens 10stündiges Unternehmen. Der »alpine Normalverbraucher« gibt sich am Piz Ela besser mit dem Normalweg zufrieden.

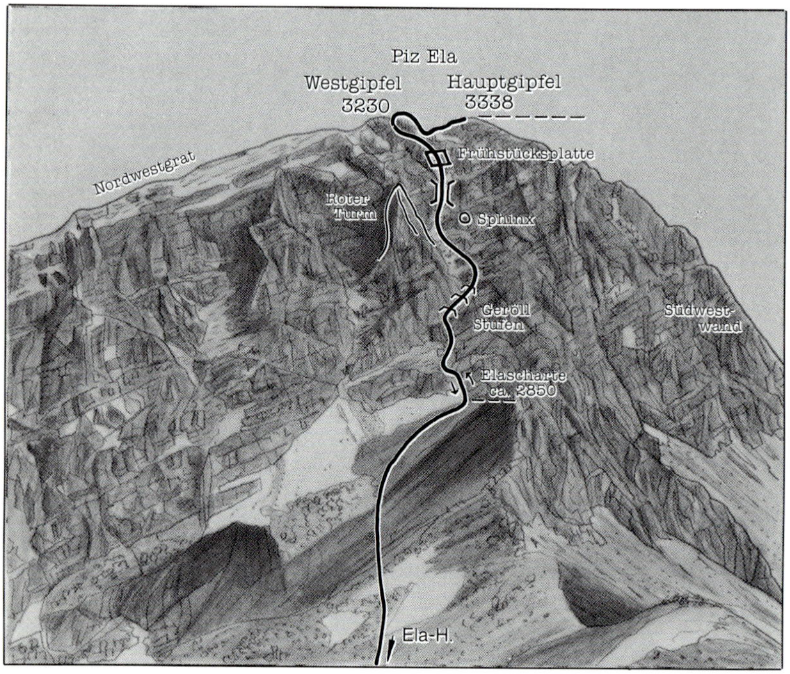

Auf dem Weg zum Einstieg tasten die Augen die 600 Meter hohen Westabstürze des langen Nordwestgrats ab, gewöhnen sie sich an die verwirrende Felsstruktur mit Bändern und Runsen; so gelingt es dem einen oder anderen bereits bei der weglosen Querung der Gras- und Geröllhalden zum Westgratsockel hinüber, die Linie der Normalroute zu entdecken. Von der Elascharte (Furschella) verleitet der

Grat dazu, ihn direkt anzupacken, aber leichter ist es, etwas nördlich über eine Schrofenwand die ersten Meter im Fels aufzusteigen. Der Westgrat bleibt stets rechts, links begrenzt ein roter, aus der Wand vorspringender Turm die Felsstufen, über die man schnell an Höhe gewinnt. Nächster Richtpunkt ist ein pilzförmiger Fels, »Sphinx« genannt. Knapp unter diesem Gendarmen, nahe am Westgrat, wendet man sich nach links, wo man durch eine Verschneidung und einen engen Kamin endlich zum eigentlichen Westgrat gelangt: bei der großen »Frühstücksplatte«. Von diesem Paraderastplatz kann man erstmals in das große Eis- bzw. Schuttcouloir blikken, das aus der Scharte zwischen West- und Hauptgipfel herunterzieht. Die Route folgt nun für wenige Meter dem Grat, dann weicht man auf einem schmalen Band nach links aus und klettert durch einen Kamin empor, bis man ihn bei einem Band erneut nach links verlassen kann. Über helle Felsen geht es ein kurzes Stück gerade hinauf, dann über eine Felsleiste nach rechts zum Ende des Kamins und zu einer Plattform am Grat zurück. Über einen Absatz kommt man zu einer luftigen Stelle unmittelbar an der Kante und klettert weiter über eine Schulter und einen Höcker bis vor eine Steilwand. Dieses letzte ernste Hindernis vor dem Westgipfel läßt sich links in einem Riß, rechts auf Leisten und über eine Blockwand umgehen. Der Übergang vom Westgipfel zum 7 Meter höheren Hauptgipfel überrascht kurz vor der Scharte noch mit einem luftigen Quergang, aber wenige Minuten später ist der höchste Punkt erreicht, verdrängt die Erinnerung alle Mühen und bewahrt nur noch Genuß.

Piz Ela, Tinzenhorn und Piz Mitgel (von links), die großen Drei zwischen Oberhalbstein und Bergün. Die beeindruckendste Gestalt bildet der Piz Ela mit seiner mächtigen, teilweise verfirnten Nordostseite. Der Normalanstieg führt durch die felsige Westflanke, die auf diesem Bild nicht einzusehen ist.

8 Piz Buin

Der Paradeberg der Silvretta

Österreich/Schweiz
Silvretta
3312 m
E/F

Talort Bielerhöhe, 2071 m, Straße/Bus von Schruns im Montafon bzw. von Landeck durch das Paznauntal (Galtür).

Stützpunkt Wiesbadner H., 2443 m, DAV, im hint. Ochsental, 2.15 Std. von der Bielerhöhe durch das Tal, oder (schöner) 3.30 Std. von der Paßhöhe über den Radsattel, 2652 m.

Aufstieg Vermuntgletscher – Wiesbadner Grätli – Ochsentaler Gletscher – Buinlücke – W-Flanke – oberster W-Grat.

Abstieg Wie Aufstieg oder auf dem »Gletscherweg« über den Ochsentaler Gletscher (Bruchzone) und die Grüne Kuppe zur Hütte.

Zeiten Aufstieg 4 Std.; Abstieg zur H. 3 Std., Talabstieg durchs Ochsental 1.30 Std.

Charakter Hochtour auf den zentralen und bekanntesten Silvrettaberg mit Gletscheranmarsch (Spalten) und kurzer Kletterstrecke (I+), die bei Vereisung heikel sein kann.

Führer W. u. G. Flaig: AVF Silvretta, Rother, München. – B. Condrau: Clubführer Bündner Alpen, Band VIII, Silvretta und Samnaun, SAC, Bern.

Karten AV 26, Silvretta-Gruppe, 1:25000. – LKS 1178, Groß Litzner, und 1198, Silvretta, 1:25000. – LKS 249, Tarasp, 1:50000. – ÖK 170, Galtür, 1:50000.

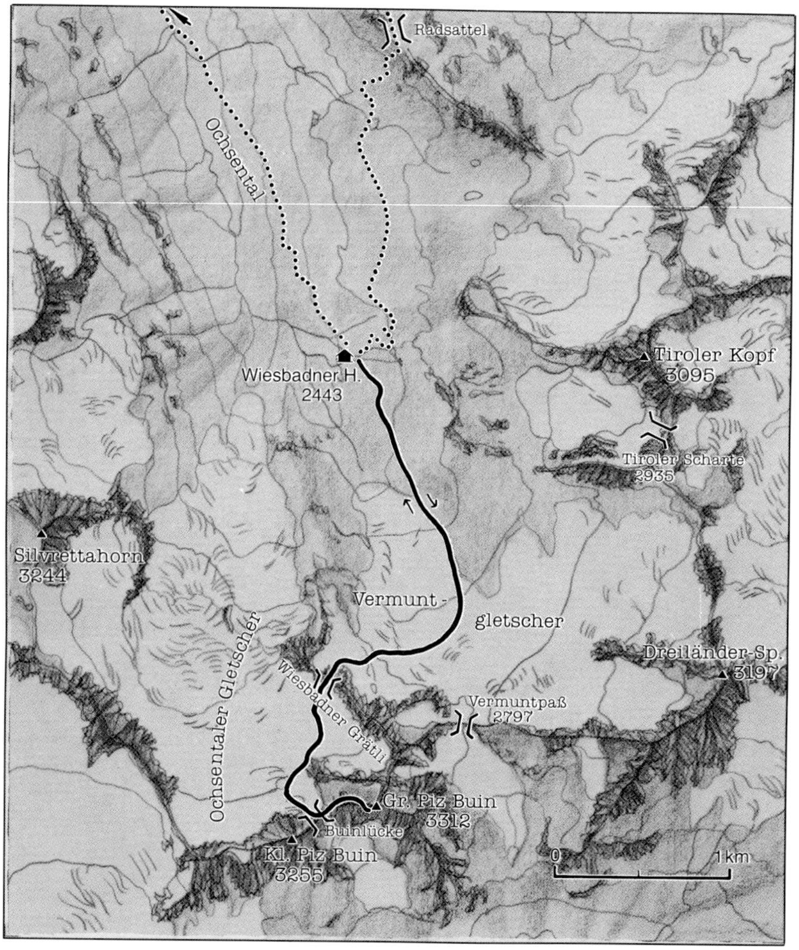

Obwohl weder der höchste noch der schönste, ist der Piz Buin doch der weitaus bekannteste Berg der Silvretta. Das hat zwar auch mit einem bestimmten Sonnenschutzöl zu tun, viel mehr jedoch damit, daß dieser dunkle Felsklotz exakt im Zentrum der großen Silvrettagletscher steht und außerdem mit eindrucksvoller Kulisse den Abschluß zweier bedeutender Seitentäler bildet. Während das Val Tuoi südwärts die Verbindung zum Unterengadin herstellt, ist das Ochsental direkter Zubringer von der Bieler Höhe, dem größten Touristentreffpunkt der Silvretta. Im Vergleich mit dem Piz Buin steht der elegante und höhere Piz Linard schon zu weit im Abseits, und dem gewaltigen Fluchthorn fehlen die beeindruckenden Gletscher. Außerdem ist von den drei höchsten Silvrettagipfeln der Piz Buin bergsteigerisch der leichteste – ein weiterer Grund für seine enorme Popularität.

Der Andrang während der Sommersaison verteilt sich zwar auf drei Hütten und ebensoviele Anmarschrouten, dennoch kann es an den Schlüsselstellen schon mal Stauungen geben. Von der SAC-Hütte im Val Tuoi hat man den kürzesten Zustieg, vom schweizerischen Silvretta-Haus überm Sardascatal den längsten. Die große Mehrzahl der Buin-Aspiranten bevorzugt jedoch die Wiesbadener Hütte, die ab der Bielerhöhe in gut 2 Stunden bequem zu erreichen ist. Zu Spitzenzeiten – im Juli und August – wird's hier natürlich oftmals eng, allerdings ist die Hütte 1987 großzügig umgebaut und dem stetig wachsenden Besucheraufkommen angepaßt worden.

Für den Gipfelanstieg empfiehlt sich anderntags die Route über den Ver-

Im Abstieg vom Piz Buin unter dem Eisbruch des Ochsentaler Gletschers.

muntgletscher und das Wiesbadener Grätli, während absteigend in der Regel der lange Ochsentaler Gletscher bevorzugt wird. Im Spätsommer ist dessen Eiszunge allerdings oft stark zerklüftet, dann sollte man in beiden Fällen das Wiesbadener Grätli benutzen.

Zu verfehlen ist diese Route nicht; wer von der Hütte dem Weg zur Ochsenscharte folgt, nach $^1/_4$ Stunde rechts abbiegt und den Vermuntgletscher oberhalb der ersten Eiswülste betritt, der findet dort auch meist eine ausgetretene Trasse vor, die über eine flache Terrasse und einen kurzen Firnhang zum Einstieg in den Felskamm führt. Falls hier kein Bergschrund klafft, ist alles einfach: zunächst im gut gestuften Gelände gerade empor, dann aber linkshaltend auf geröllbedeckten Bändern zu jener Stelle im Felsgrat, wo sich der Übergang zum Ochsentaler Gletscher ganz leicht wie von selbst ergibt. In dessen oberster Firnmulde geht's nun an der düsteren Nordseite des Piz Buin vorbei in die markante Buinlücke zwischen dem Großen und Kleinen Piz Buin.

Deutliche Trittspuren weisen jetzt den Weg durch die geröllbedeckte Buin-Westflanke, die in halber Höhe von einer Felsbank abgesperrt ist. Dieses Hindernis umgeht man auf einer ausgeprägten Leiste und biegt dahinter rechts in eine mäßig steile Schutt- und Felsrinne ein, den sogenannten Kamin. Der ist bei Trockenheit völlig unschwierig, kann aber bei Nässe oder Neuschnee unangenehm sein. Oberhalb dieser »Schlüsselstelle« legt sich der Berg zurück, und ein regelrechter Pfad leitet schließlich vollends empor zum stattlichen Gipfelkreuz.

Als höchste Erhebung im Silvretta-Hauptkamm gewährt der Piz Buin natürlich ungehinderte Ausblicke in alle Richtungen, bis hin zum Ortler, zur Bernina und zu den fernen Walliser Alpen. Am faszinierendsten sind jedoch die direkten Nachbarberge: das elegante Verstanklahorn, der ebenmäßige Piz Linard oder das wildgezackte Fluchthorn.

Beim Abstieg halte man sich zunächst westwärts in Richtung Fuorcla dal Cunfin. Vor diesem Übergang zur Silvretta-Hütte zweigt die richtige Spur jedoch rechts ab und zieht dicht neben Signal- und Silvrettahorn den ganzen Ochsentaler Gletscher hinab bis zu dessen dramatisch zerklüftetem Eisbruch. Dem läßt sich meist am linken Gletscherrand ausweichen, und auf der ausgeaperten Zunge geht's dann unterhalb der Bruchzone rechts hinüber zur Grünen Kuppe, hinter der bald wieder die Wiesbadener Hütte auftaucht.

Eis, Moränen, Wiesen und Schmelzwassern prägen die Urlandschaft des Ochsentals. Links oben der Große, über der Bildmitte der Kleine Piz Buin. Die Aufstiegsroute erreicht von links her über den teilweise sichtbaren Vermuntgletscher den Zackengrat des Wiesbadner Grätli (zwischen beiden Buin-Gipfeln). Deutlich sind die steilen Bruchzonen des Ochsentaler Gletschers (Bildmitte) zu sehen, über den man – vom Betrachter aus – in einem weiten Rechtsbogen absteigt.

9 Muttler

Aussichtspyramide über Samnaun

Schweiz
Samnaun-Gruppe
3294 m
LB

Die höchste Erhebung der Samnaun-Gruppe ist trotz herausragender Stellung, ansehnlicher Gestalt und leichter Erreichbarkeit kein populäres Tourenziel. Mangels handfester Felsen und steiler Firne bietet der Muttler nämlich nichts, was den Alpinisten »schärferer Richtung« reizen könnte, und auch der Wanderer muß sich hier auf einen klassischen »Hatscher« gefaßt machen. Böse Zungen bezeichnen den Muttler daher gern als »Schuttler«, der nichts weiter als ein vom Gletscherrückgang bloßgestellter, riesiger Schutthaufen sei. Man kann das zweifellos so sehen; dennoch sollte man sich einmal von Samnaun auf den Weg machen und sich sein Urteil erst bilden, wenn man das öde Schiefergrau unter sich gelassen hat und die Sache quasi aus höherer Warte betrachtet. Da entpuppt er sich als exzellente Aussichtswarte, als einzigartiger Gipfelpunkt der Übersicht, dem zwischen Silvretta und Ötztaler Alpen, zwischen Bregenzer Wald und Bernina nichts Höheres im Wege steht.

Wer also gerne ungehindert in die Ferne schaut und ein bißchen Anstrengung nicht scheut, für den ist dieser oft geschmähte Riesenkegel aus Bündner Schiefer genau das Richtige. Außerdem: Bei entsprechender Routenwahl – Aufstieg am oft überfirnten Rücken des Nordostgrats und Abstieg durch die zur raschen Abfahrt einladende Westflanke – wartet auch der Muttler mit bescheidenen alpinen Reizen auf.

Talort Samnaun (zollfreies Gebiet), 1840 m, im gleichnamigen Seitental des Oberinntals, Straße/Bus von der Kajetansbrücke bei Pfunds (A) bzw. von Vinadi (CH).

Stützpunkt Keiner.

Aufstieg Über Rossbodenjoch – N-Grat (I).

Abstieg Durch die N-Flanke.

Zeiten Aufstieg 4.30 Std.; Abstieg 2–3 Std.

Charakter Abwechslungsreichster Aufstieg auf den höchsten Berg der Samnaun-Gruppe. Berühmte Fernsicht! – Einfache Route auf Wegspuren. – In schneereichen Sommern Firngrat mit Wächten!

Führer B. Condrau: Clubführer Bündner Alpen, Band VIII, Silvretta und Samnaun, SAC, Bern. – Werner/Thoma: AVF Samnaun, Rother, München.

Karten LKS 1179, Samnaun, 1:25000, oder 249, Tarasp, 1:50000. – 171, Nauders, 1:50000. – Kompass 41, Silvretta – Ferwall-Gruppe, 1:50000.

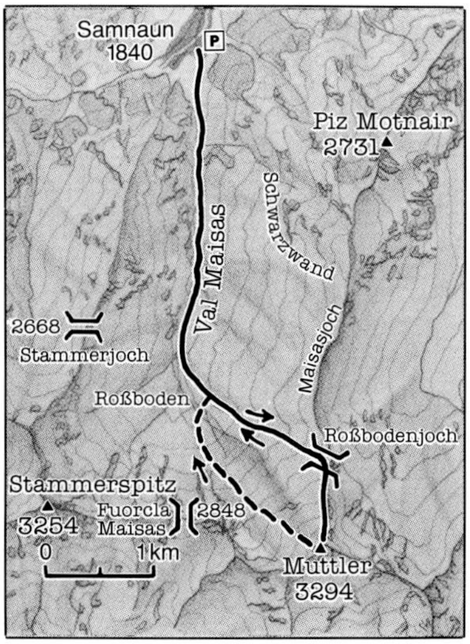

Ausgangspunkt für diese leichte Hochtour ist Samnaun im Herzen der gleichnamigen Gebirgsgruppe: ein kleines Bergdorf, aber ein großes Einkaufsparadies im Zollausschlußgebiet. Benzin, Parfüm, Alkohol, Tabakwaren – alles steuerfrei! Doch Vorsicht: wer hier seinen Kofferraum zu voll packt, der entgeht dem Fiskus nicht, denn unten in Martina oder Finstermünz warten aufmerksame Zollbeamte.

Neben den zahlreichen Shops, Discounts, Hotels und Restaurants ist in Samnaun von den uralten Höfen und der traditionellen Bausubstanz leider fast nichts übriggeblieben. Der Muttler selbst ist mit seinem zuckerhutförmigen Gipfelaufschwung schon vom Ort aus zu erkennen, und den Weg weisen gelbe Schilder mit klaren Angaben.

Zunächst geht's südwärts ins breite Val Maisas hinein; kurz vorm Roßboden steigt man dann links über steile Gras- und Schutthänge gegen den Nordgrat empor, den man meist im Roßbodenjoch (2700 m) betritt. Bis etwa 3000 Meter bilden überwiegend Schutt und Felstrümmer den Grat, weiter oben Firn und Altschnee. Die letzten 100 Meter bestehen in der Regel aus einer stark geneigten Firnschneide, die im Spätsommer häufig Blankeisstellen zeigt und nur mit Pickel oder Steigeisen leicht zu bewältigen ist.

Oben hat man's bei gutem Wetter schwer, die Gipfel ringsum richtig »einzusortieren«; an besonders klaren Tagen rücken hier sogar die Walliser Alpen ins Blickfeld.

Der Abstieg erfolgt dann am gewöhnlichen Weg durch die Westflanke, die im ersten Teilstück – bis zum Steinmann (P.2850) – ziemlich steil ist, für Könner (und nur für solche!) aber eine rasante Schuttabfahrt bietet. Unterhalb des erwähnten Steinmanns läuft das Gelände ganz allmählich zum breiten Roßboden hin aus, der seinerseits schließlich wie ein Trichter ins Maisastal einmündet.

Zum Schluß noch ein Hinweis: Wer nicht gerne mit Pickel (und Steigeisen) hantiert, der halte sich auch im Aufstieg an den markierten Weg durch die Westflanke. Leicht ist diese Route aber erst, nachdem der Altschnee die Pfadspuren freigegeben hat, und das kann in über 3000 Meter Höhe bis zum Spätsommer dauern.

Gipfelblick vom Muttler auf den 40 Meter niedrigeren Stammerspitz und zu den markanten Fluchthörnern in der Silvretta.

10 Patteriol

Das »Wahrzeichen des Ferwall«

Österreich
Ferwall-Gruppe
3056 m
F

Talort St. Anton am Arlberg, 1284 m.

Stützpunkt Konstanzer H., 1765 m, DAV, im vorderen Fasultal, 3 Std. von St. Anton durch das Ferwalltal. Achtung! Eine Lawine zerstörte im Frühjahr 1988 die Konstanzer H.; auf der gegenüberliegenden Seite ist ein Neubau geplant, der 1990 fertiggestellt sein soll. Bis dahin besteht dort keine Übernachtungsmöglichkeit, auch nicht auf der Branntwein-H. (30 Min. unter der Konstanzer H.). Vor dem Aufstieg zur H. in St. Anton über die aktuellen Verhältnisse erkundigen!

Aufstieg Über S-Wand und SW-Grat (II+).

Abstieg Wie Aufstieg.

Zeiten Aufstieg 5 Std.; Abstieg zur Hütte 3–4 Std., Talabstieg 1.30 Std.

Charakter Trotz des niedrigen Schwierigkeitsgrades (II–III) eine strenge, teilweise ausgesetzte Felskletterei, die wegen des tiefgelegenen Ausgangspunktes Kondition und Ausdauer erfordert. Ausgeprägter Orientierungssinn im Fels wegen komplizierter Routenführung nötig! Steinschlaggefahr.

Hinweis Etwas schwerer, doch schöner ist der direkte Aufstieg in die Scharte zwischen Horn und Südgipfel und die anschließende Kletterei über den gesamten SW-Grat.

Führer R. Luzian: AVF Ferwall-Gruppe, Rother, München.

Karten ÖK 143, St. Anton am Arlberg, 1:50 000, oder LKS 239, Arlberg, 1:50 000.

Um von St. Anton mit dem Auto auf die andere Seite des Arlbergs zu gelangen, gibt es zwei Möglichkeiten: schnell, teuer und fast schnurgerade durch den 13 Kilometer langen Straßentunnel oder langsam und kurvig, aber mit freiem Blick in die Berglandschaft über den alten Paß zwischen Tirol und Vorarlberg hinweg. Zu den Glanzpunkten so einer »Panoramafahrt« gehört – kurz vor St. Christoph – der Blick zum Patteriol, der sich als kolossale Urgesteinsmauer über dem Ferwalltal in die Höhe reckt, mit zwei klotzigen Schultern und einer schwarzen Granitpyramide als Gipfel. Erste urweltliche Versuche zu alpiner »Kunstform«? Einer schrieb vom »Wahrzeichen des Ferwall«,

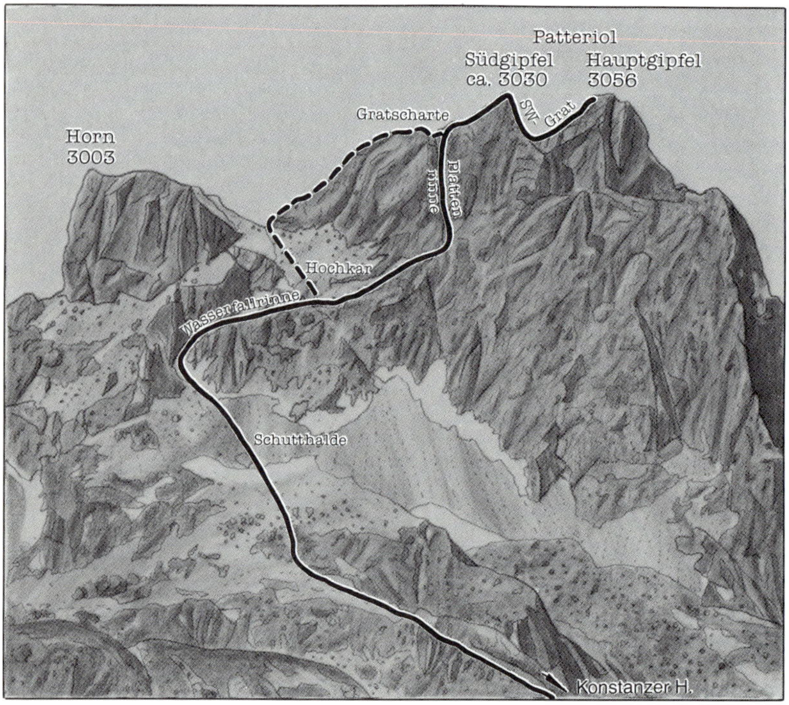

was natürlich stimmt, ein anderer fade vom »edelst geformten« Berg der Ostalpen, was genauso platt ist wie die Bezeichnung »Matterhorn des Ferwall«.

Wie so oft hat auch dieser steil aufragende Berg, scheinbar die Urform eines Felsmonoliths, auf seinem Normalweg wenig festen Fels zu bieten: Geschickt nutzt die Route durch die Südwand höchste Schutthalden, Kare und Bänder aus, tauscht aber auf diese Weise die Sicherheit vor Steinschlag, die Gratklettereien garantieren, gegen die Morschheit der Flanken und Rinnen ein. Bei nur mäßigen klettertechnischen Schwierigkeiten erfordert die Tour besondere Gewandtheit im Fels und absolute Trittsicherheit.

Von der Konstanzer Hütte kommend, erkennt man bald die Schwachstelle des Berges: Da sieht man in der Südwand sofort das merkwürdig nach Südwesten abstehende Horn und gleich auch den höheren Südgipfel. Beide Gipfel trennt eine tiefe Scharte, unter der sich ein mächtiges Schuttkar ausbreitet. Von dessen unterem rechten Rand zieht eine Rinne nach rechts unten in ein Geröllkar. Sie heißt Wasserfallrinne, weist zwei Überhänge auf und wird als Anstieg ins Hochkar genützt. Sehr viel weiter rechts gewahrt man eine zweite steile, helle Rinne, die sogenannte Plattenrinne, die links vom Südgipfel in

Eher harmlos wirkt der Patteriol im Abendlicht, wenn man auf seine zerfurchte und brüchige Westwand schaut. Über dem Langen See erkennt man (von links) Haupt-, Südgipfel und das Horn sowie den nach rechts ziehenden Rosannagrat mit seinen vielen Scharten und Türmen. Die hier beschriebene Normalroute bewegt sich fast vollständig auf der anderen Bergseite des Patteriol.

Ein Traumtag am Patteriol, wenige Meter unter dem Gipfel. Hinter dem Südwestgrat dehnt sich der weite Fasulferner aus; den Horizont bilden – jenseits des Paznauntals – die Silvrettaberge mit (v. l. n. r.) dem großen Jamtalferner, dem dunklen Buckel des Piz Buin (Tour 8) und der Gipfelpyramide des Piz Linard. Zwischen beiden Gipfeln in der Ferne der Piz Bernina.

eine Scharte mündet. Diese Scharte befindet sich im oberen Teil des von unten gut sichtbaren, großen Südwestgrats, der in der erwähnten tiefen Scharte rechts des Horns beginnt.

Wir steigen also unten in die Wasserfallrinne ein, bis wir auf die linke Begrenzungsrippe ausweichen können; einem kurzen leichten Wandl folgt eine rote Steilstufe, die man links umgeht. Bei einer Schuttstufe auf halber Rippenhöhe quert die Route rechts in die Rinne zurück, folgt ihr aufwärts und benutzt oberhalb eines kleinen Wasserfalls wieder die linke Rippe, die nach 25 Metern mit einem Quergang nach rechts ins große Hochkar mündet (bei Steinschlag in der Wasserfallrinne können gute Bergsteiger auch in der weiter links emporziehenden Rinne aufsteigen). Vom Hochkar nun über Schutt aufwärts in die Scharte, den Südwestgrat hinaufgeklettert, wobei schwierige Felsstufen links leichter umgangen werden. Vom Grathöcker vor dem Südgipfel erfolgt ein kurzer Abstieg nach rechts in die kleine Scharte, in der von rechts unten die Plattenrinne heraufkommt, und weiter zum Süd- und Hauptgipfel. Die ganze Kletterei am Südwestgrat ist relativ leicht, und für den leidlich Geübten eine herrliche Urgesteinskletterei – unter uns gesagt.

Die Gipfelrast ist die wohlverdiente Erholungspause von der Aufstiegsplage und Wegsuche. Zwar mag die Tour damit ihren Höhepunkt erreicht haben, zu Ende ist sie noch lange nicht, denn beim Abstieg lauern die eingangs erwähnten Gefahren: Fast jeder Patteriol-Besteiger befördert – unabsichtlich und trotz größter Vorsicht – auf seinem Weg zurück ins Tal zentnerweise Gneisblöcke in die Tiefe. Dennoch sollte jeder die Gipfelrast noch in Ruhe genießen und sich an der fast grenzenlosen Rundsicht sattsehen können: An den Bergen über den »heiligen Skidörfern« des Arlbergs (St. Christoph und St. Anton), den düsteren Ferwallbergen, den fernen Konturen von Säntis, Tödi, Bernina, Silvretta, Ortler und tausend anderer Gipfel ...

11 Hoher Riffler

Zwischen Stanzertal und Paznaun

26.8.1984 mit Freiburger u. Englert

Österreich
Ferwall-Gruppe
3168 m
LBT (F/E)

Man schaut oft hoch zu ihm hinauf, dennoch besitzt er (bei Bergsteigern) kein hohes Ansehen. Das hängt damit zusammen, daß der Hohe Riffler als Blickfang der Arlbergstraße zwar einerseits in bester hochalpiner Pose das Stanzertal beherrscht, andererseits aber in der Westflanke einen völlig anspruchslosen Normalanstieg trägt.

Das Bild der dunklen Felsbastion über Pettneu, zwischen deren Graten eine schmale, zerrissene Gletscherzunge hervordrängt, paßt so gar nicht zu den öden Schutthängen, die der Hohe Riffler westwärts gegen das Malfontal entsendet. Aber letztlich ist es die isolierte Lage zwischen Stanzer- und Paznauntal bzw. die alles beherrschende Stellung in der östlichen Ferwallhälfte, mit der sich dieser Berg das Prädikat »klassisch« verdient. Liebhaber weiter Ausblicke werden sich den Hohen Riffler ohnehin irgendwann einmal vornehmen müssen, und wer bei einer Bergtour nicht ohne das prickelnde Gefühl der Ausgesetztheit auskommt, für den gibt's ja noch den Übergang vom Süd- zum Nordgipfel …

Zunächst einmal gilt es, zur Edmund-Graf-Hütte zu finden, der einzigen Unterkunft im Bereich des Hohen Riffler. Dazu folgt man von Pettneu an der Arlbergstraße dem engen Malfontal südwärts bis kurz vor die Hintere Malfonalpe, wo der Hüttenweg den Talboden verläßt und links über einen schmalen Rücken zwischen zwei Bachläufen steil emporzieht. Weiter oben verliert sich der Rücken in einem Schutt-Tal, das an den Fuß einer Felswand führt. Dieses Hindernis wird auf breiten Bändern in einem weiten Linksbogen geschickt ausmanövriert, dann steht man auch schon vor der Hütte in knapp 2400 Meter Höhe. Das Schutzhaus wurde Anfang der siebziger Jahre erweitert, so daß sich hier selbst an schönen Sommerwochenenden niemand mehr um seinen Schlafplatz sorgen muß.

Wer zeitig dran ist, kann übrigens gleich weitermarschieren, bis zum Gipfel sind's jetzt nur noch 2–3 Stunden. Der rot bezeichnete Steig zieht von der Hütte zuerst über Schrofen- und Grashänge nordwärts zum markanten P.2624, biegt dort rechts in das zwischen Blankahorn und Kleinem Riffler eingebettete Schuttkar ein und windet sich zu der beide Gipfel trennenden, breiten Firnscharte empor. Hier sollte man für einen Moment das eigentliche Ziel vergessen und sich einen Abstecher nach Norden leisten, wo sich plötzlich ein atemberaubender Tiefblick zum Pettneuer Ferner auftut. Der Gletscher selbst hat zwar nur ein bescheidenes Ausmaß, aber wie er sich zwischen den dunklen Felsklippen gegen die grünen Tiefen des Stanzertals hinabwälzt, das ist wirklich sehenswert.

Aus der Firnscharte geht's dann durch Schotter- und Blockwerk der roten Markierung folgend zum Südgipfel des Hohen Riffler (3166 m). Obwohl das Kreuz auf dem Nordgipfel

Talort Pettneu, 1222 m, an der Arlbergstraße (Bahnstation).

Stützpunkt Edm.-Graf-H., 2375 m, ÖAV, südwestl. unter dem Hohen Riffler, 3 Std. von Pettneu durch das Malfontal.

Aufstieg Über W-Flanke und S-Grat.

Abstieg Wie Aufstieg.

Zeiten Aufstieg 2.45 Std.; Abstieg 1.30 Std., Talabstieg 1.30–2 Std.

Charakter Durch die W-Flanke bis zum S-Gipfel einfache Bergtour mit kurzen Firnpassagen. Kurze Kletterei (II) beim Gratübergang zum 2 m höheren N-Gipfel.

Hinweis An der Edm.-Graf-H. beginnt der große Ferwall-Höhenweg, der die gesamte, wenig besuchte Gruppe vorwiegend auf der S-Seite durchquert (siehe »Hüttenwandern 1«, Tour 19, und »Hüttenwandern 2«, Tour 20).

Führer R. Luzian: AVF Ferwall-Gruppe, Rother, München.

Karten ÖK 144, Landeck, 1:50000. – FB-WK 372, Arlberggebiet – Paznaun – Ferwall-Gruppe, 1:50000.

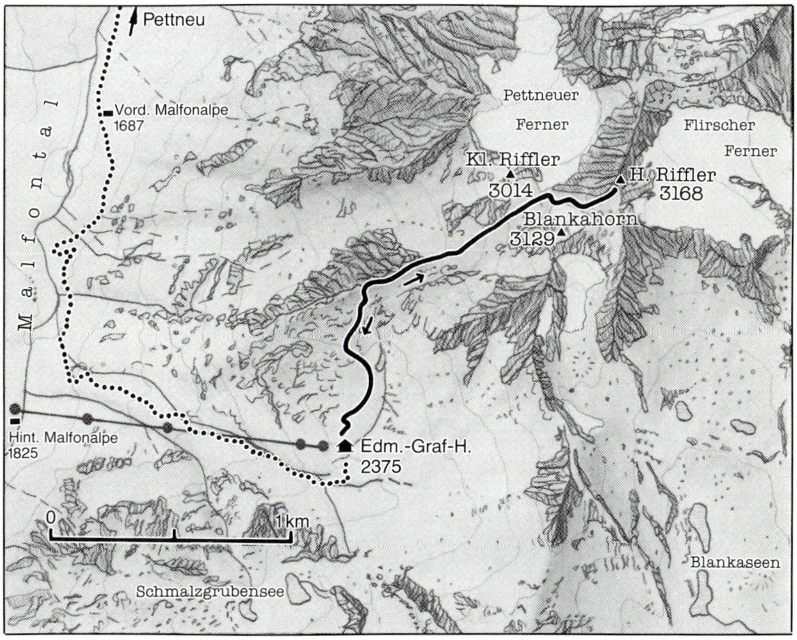

gegenüber noch 2 Meter höher steht, dürfte die Südspitze den meisten Riffler-Besuchern genügen. Die beiden Gipfel werden nämlich durch eine jähe Scharte und einen mächtigen Felszacken getrennt, der nur über einen ausgesetzten Plattenriß zu bezwingen ist (II). Was für das Selbstwertgefühl wichtig ist, nämlich den höchsten Punkt betreten zu haben, wirkt sich aussichtsmäßig kaum aus: Die Rundschau zeigt sich von beiden Gipfeln gleichermaßen eindrucksvoll. Man muß lange hier oben sitzen, um alles einigermaßen erfassen zu können, den Formenreichtum der Nördlichen Kalkalpen, die Gletscher und Gipfel der Vorarlberger und Graubündner Gebirge sowie das Gefüge der großen und kleinen Talfurchen ringsum.

Wer im Abstieg eine andere Route einschlagen möchte, der wende sich unterhalb des Südgipfels gegen die Blankascharte und folge – wenn keine

Wächte den Weiterweg versperrt – den Markierungen, Drahtseilen und Eisenstiften über Platten und eine steile Rinne südwärts hinab zu einer alten Moräne und weiter zu den schön gelegenen Blankaseen. Unterhalb der Lacken trifft man dann auf den Wanderweg Kappl–Kapplerjoch–Edmund-Graf-Hütte, der in knapp $1^1/_2$ Stunden über das Joch zurück zum Ausgangspunkt oder in der gleichen Zeit hinunter nach Kappl im Paznauntal führt. Erfahrenen Kletterern empfiehlt der 1988 neu erschienene Führer für den Abstieg den Nordgrat (III) als »eine der lohnendsten Routen« im Ferwall.

Von der grünen Südflanke der Lechtaler Alpen oberhalb von Strengen im Stanzertal zeigt sich der Hohe Riffler als Eckberg des Ferwall. Die Nordmulde unter dem Gipfel birgt den kleinen Flirscher Ferner. Rechts des Wegkreuzes ist die Weißschrofenspitze in der Valluga-Gruppe zu erkennen.

12 Parseierspitze

Höchster Gipfel der Nördlichen Kalkalpen

8.9. – 11.9. 1982

Österreich
Lechtaler Alpen
3036 m
F

Talort AP/EP Grins, 1006 m, im Stanzertal, Straße/Bus von Landeck.

Stützpunkt Augsburger H., 2289 m, DAV, 3.30 Std. von Grins.

Aufstieg Gasilltal – Grinner Ferner – SO-Wand.

Abstieg Wie Aufstieg.

Zeiten Aufstieg 3 Std.; Abstieg bis Augsburger H. 2 Std., Talabstieg 1.15–1.45 Std.

Charakter Eindrucksvolle Felstour auf den höchsten Berg der Lechtaler Alpen und der gesamten Nördlichen Kalkalpen. – Ab dem spaltenlosen Grinner Ferner mäßig schwierige Schrofen- und Blockkletterei (II). – Schönheitsfehler der Tour ist die Steinschlaggefahr durch loses Geröll.

Hinweis Eine schöne und vor Steinschlag sichere, aber etwas längere Variante (knapp 150 Höhenmeter mehr) ist der Übergang über den Gatschkopf, 2945 m, zum Grinner Ferner, wo man auf den Normalweg trifft.

Führer H. Groth: AVF Lechtaler Alpen, Rother, München.

Karten AV 3/1, Lechtaler Alpen – Parseierspitze, 1:25000. – ÖK 144, Landeck, 1:50000. – FB-WK 372, Arlberggebiet – Paznaun – Ferwall-Gruppe, 1:50000.

Auf die Frage, welcher Berg der schönste oder attraktivste der Nördlichen Kalkalpen sei, gibt es tausend Antworten. Welcher aber der höchste ist, steht zweifelsfrei fest: die Parseierspitze in den Lechtaler Alpen. Seine Rekordhöhe hat der einzige Dreitausender der Nördlichen Kalkalpen der geologischen Besonderheit zu verdanken, daß ein fester Hornsteingürtel seine Gipfelhaube eng umschließt und bisher vor dem Verfall in einen charakterlosen Schutthaufen und Allerweltsgipfel bewahrt hat.
Wer sich die Parseierspitze für ein klares Herbstwochenende vornimmt, der beachte die Öffnungszeiten der Augsburger Hütte. Die ist wegen der wasserarmen Südhanglage nämlich meistens schon ab Mitte September geschlossen, und im sogenannten Winterraum gibt es nur sechs wenig einladende Lager. Der schnellste Weg zum Gipfel führt von der Augsburger Hütte direkt über die steilen Felsabsätze (Drahtseilsicherungen) der düsteren Gasillschlucht zum kleinen Grinner Ferner empor. Müßiggänger und Hobbyfotografen wählen dagegen den bequemen Umweg über den vorgelagerten Gatschkopf; der verlangt zwar 100 Höhenmeter zusätzlich, bietet dafür jedoch eine prächtige Gesamtansicht der Parseierspitze, bei bestem morgendlichen Seitenlicht!
Vom Gatschkopf steigt man dann hinab in die Patrolscharte und am Rande des Grinner Ferners hinüber zu der 200 Meter hohen Parseier-Südwand, die – hat man erst einmal den richtigen Einstieg am rechten (östlichen) Wandfuß entdeckt – verblüffend einfach zu durchklettern ist. Dank der guten Stufung sind auch die wenigen IIer-Stellen ohne beklemmendes Expositionsgefühl zu nehmen. Trotzdem ist hier kein Platz für Leichtsinn oder Übermut, das viele lose Gestein und die geröllbedeckten Absätze verlangen »sauberes Gehen«.

Die Parseierspitze mit ihrem Gipfelaufbau von Südosten. Am rechten Bildrand die Augsburger Hütte.

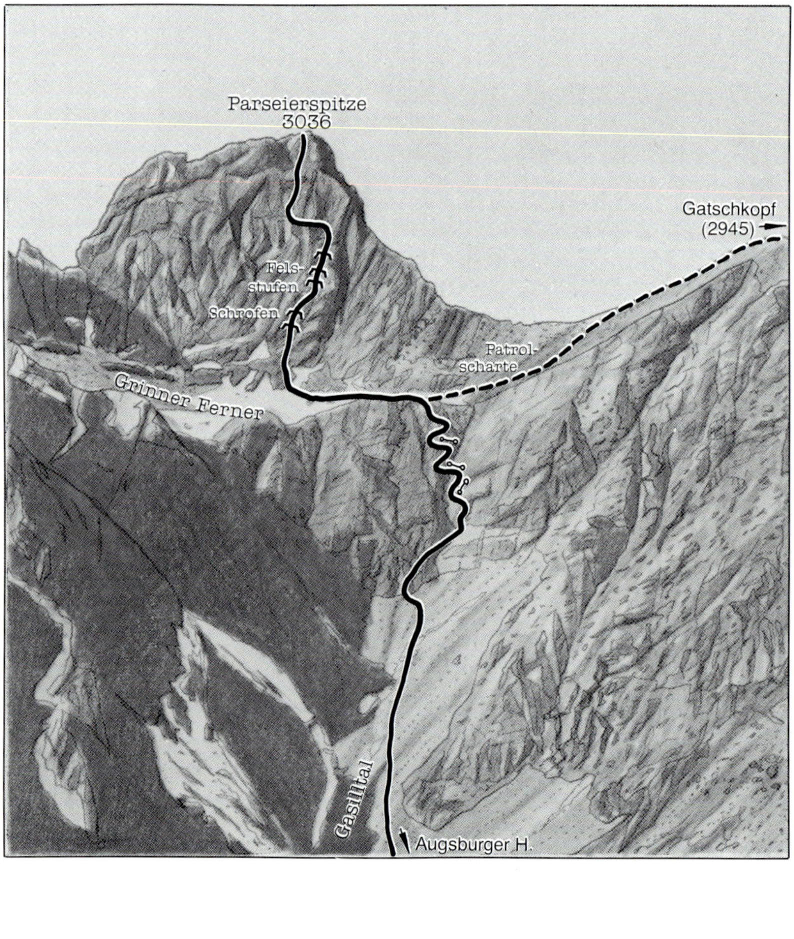

15 Zugspitze

Höllental – Reintal

13.9.1987 mit W. Lenz

Deutschland
Wettersteingebirge
2962 m
Kst/E

Talorte AP Hammersbach, 773 m, 5 km südwestl. Garmisch-Partenkirchen an der Bayer. Zugspitzbahn. – EP Garmisch-Partenkirchen, 715 m.

Stützpunkte Höllentalanger-H., 1379 m, DAV, im Höllental, 2 Std. von Hammersbach. – Münchner Hs., 2957 m, DAV, auf dem W-Gipfel der Zugspitze, Bahnen von Schneeferner-Hs. und Eibsee. – Schneeferner-Hs., 2650 m, priv., am Zugspitzplatt, Endstation der Zahnradbahn von Garmisch-Partenkirchen. – Knorr-H., 2052 m, DAV, östl. unter dem Zugspitzplatt, 6–7 Std. von Garmisch-Partenkirchen durch das Reintal. – Reintalanger-H., 1360 m, DAV, im Reintal, 4–5 Std. von Garmisch.

Aufstieg Durch das Höllental und die NO-Wand (I).

Abstieg Über SW-Grat – Schneeferner – Zugspitzplatt zur Knorr-H.

Zeiten Aufstieg 5–6 Std.; Abstieg 2 Std., Talabstieg 3.30–4.30 Std.

Charakter Höllental-Aufstieg landschaftlich großartige, aber anstrengende Tour, durch Wandabsturz und Gletscherberührung fast hochalpin; Abstiegsweg ins Reintal leichter Plattenanstieg. Beide Routen bez. und weitgehend drahtseilges.; sehr häufig begangen.

Hinweis Die anspruchsvollste Gratroute, eine 10–12stündige, zuletzt klettersteigähnliche Gratkletterei, ist der Jubiläumsgrat von der Zugspitze zur Alpspitze (II+), an den Liebhaber von Eisenwegen gleich noch die »Alpspitz-Ferrata« zur Osterfeldbahn anschließen können.

Führer Härter/Beulke/Pfanzelt: AVF Wetterstein und Mieminger Kette, oder Pfanzelt: Kl. Führer Wettersteingebirge, beide Rother, München.

Karten AV 4/2, Wetterstein- und Mieminger-Gebirge – Mittl. Blatt, 1:25000. – BLVA Werdenfelser Land, 1:50000. – ÖK 116, Telfs, 1:50000. – FB-WK 322, Wetterstein – Karwendel – Seefeld – Leutasch – Garmisch-Partenkirchen, 1:50000.

Die Zugspitze über dem Loisachtal bei Garmisch-Partenkirchen war – wenn man ältere Karten zur Hand nimmt – einmal 2967 Meter hoch. Auf dem aktuellen Blatt des Bayerischen Landesmessungsamts steht 2962. Das könnte für die Vielzahl der Besteiger zeugen, die durch das Höllental, das Reintal oder nur aus der Kabinenbahn – sogar mit Hilfe einer Rolltreppe – auf den höchsten deutschen Gipfel gekommen sind. Selbst wenn sie ihn alle abgetreten oder am Souvenir-Kiosk in der Gipfelstation einen »Stein vom Zugspitzgipfel« erworben hätten, das Gipfelkreuz stünde nicht am höchsten begehbaren Ort Deutschlands. Der besteht nämlich mitnichten aus gewachsenem Fels, sondern aus Beton.

Die Zugspitze ist in Deutschland nicht nur in bezug auf ihre Höhe konkurrenzlos, nein, auch kein anderer Gipfel ist so verunstaltet. Bergsteiger halten sich bei einer Überschreitung der Zugspitze die kürzeste Zeit am Gipfelkreuz auf, von dem man direkt auf den Verhau von Bahn- und Postanlagen, Meßeinrichtungen verschiedener wissenschaftlicher Institute, Münchner Haus, Wetter- und Zollstation hinüberblickt; die längste Zeit sind sie in den großartigen Kesseln von Höllen- bzw. Reintal unterwegs. Sie ärgern sich am Gipfel selten.

Der 7–9stündige Aufstieg durch die Höllentalklamm zur Hütte durch den Höllentalanger, über die Moränen zum kleinen steilen Höllentalgletscher, von ihm direkt in die Felsen und über die Irmerscharte hinauf zum golden blinkenden Kreuz – das bleibt eine Leistung und eine schöne, an-

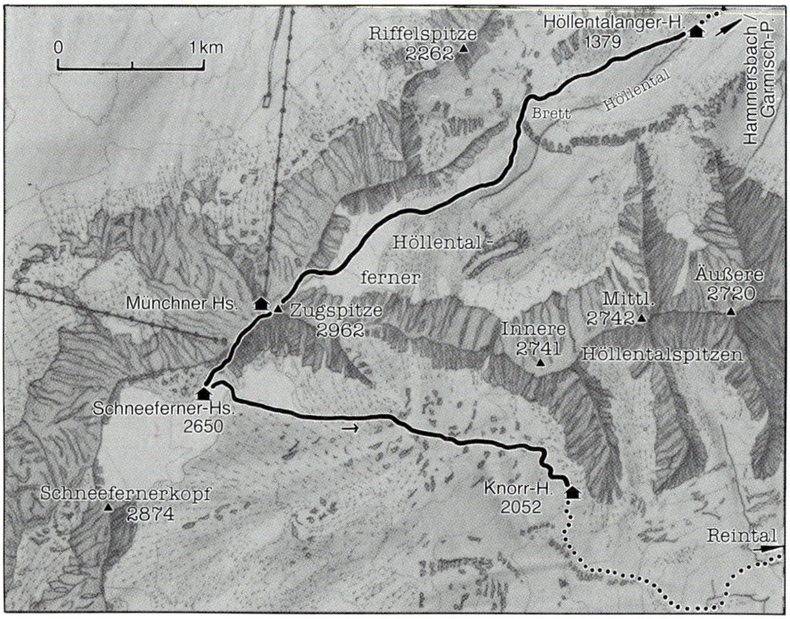

Als weithin sichtbare Mauer baut sich die Zugspitze über dem Höllental auf und läßt den gesamten Aufstieg mit seinen bekannten »Schlüsselstellen« gut erkennen. Am unteren Bildrand die Knappen-Häuser, rechts der Bildmitte die kleine Ebene des Höllentalangers mit der gleichnamigen Hütte (kleines Bild). Vom Talschluß führt der Weg über die Felsplatten am Sockel der Riffelköpfe ins Höllentalkar und zum Gletscherrest hinauf, dann durch die besonnte Gipfelwand zum höchsten Punkt. Links oben ein Teil des langen Jubiläumsgrats.

Einsamkeit ist am Höllentalanstieg die Ausnahme. Die Begeher dieses schwereren der beiden Normalwege befinden sich bereits über dem Höllentalferner in der Gipfelwand.

strengende, an vielen Stellen erregende Bergtour. Man sollte diesen Anstieg nur bei Aussicht auf gutes Wetter angehen, möglichst früh in Hammersbach oder von der Reintalanger-Hütte aufbrechen und sich zwei Tage Zeit lassen.
Kaum, daß man sein Tempo gefunden hat, kommt der erste Höhepunkt der Tour: In der Höllentalklamm geht es durch schwarze Tunnels, vorbei an eisigen Duschen, an glattgeschliffenen Wänden. Dann taucht man aus der Düsternis auf, betritt wie befreit das Höllental mit seinen jäh zum Himmel fahrenden Felsflanken. Die Rast nach gut 2 Stunden Aufstieg vor der Höllentalanger-Hütte gibt Zeit, die neuen Bilder aufzunehmen. Hochgestimmt wandert man ans Talende, steigt in die steilen Platten ein, kommt erst zum Leiterl, quert dann am Brett links hinüber ins Höllentalkar. Eisenstifte und Drahtseile ersetzen hier die Lebensversicherung. Steil zieht der Weg durch die letzten Latschenbüsche, dann über Riesenberge von Trümmern und Moränenschutt hinauf zum Gletscher.
Rechts neigen sich die Riffelköpfe übers Kar, links bauen sich die Höllentalspitzen zu einer unüberwindlichen Mauer auf, im obersten Winkel lagert das grobe graue Eis des Ferners. Bei weichem Firn ist die Querung zur Randkluft ein Kinderspiel, nach frostigen Nächten kann sie ein nervenaufreibender Eistanz sein, bei dem man um jeden eingefrorenen Stein froh ist – oder man hat Grödel oder Steigeisen an den Schuhen und steigt elegant empor.

Die Randspalte ist meist leicht zu überwinden, dann steht man erlöst wieder auf sicherem Terrain, mit tausend Griffen im Fels und vielen Metern Drahtseil. Bald ist man oben an der Irmerscharte und schaut gerührt hinab zum blauen Eibseespiegel. Die weitere Strecke am Ostgrat und durch die Gipfelwand bereitet keinerlei Schwierigkeiten – wenn es keinen Neuschnee gegeben hat. Jetzt machen sich Höhe und Müdigkeit bemerkbar. Wenige Meter unter dem Gipfelkreuz hat dann jeder Fußgänger den eingangs beschriebenen Anblick zu verarbeiten, was bei einer Sicht zurück und über die halbe Ostalpenwelt nicht schwerfällt.
Am Gipfel kann man im alten Münchner Haus einkehren – auch übernachten –, dann steigt man entlang der Grenze am drahtseilgesicherten Weg zum Schneeferner-Haus hinunter, läßt die technischen Errungenschaften der Freizeitgesellschaft hinter sich und bummelt direkt unter den Gipfelwänden durchs Weiße Tal zur Knorr-Hütte hinunter. Dort sitzt man zwar nur noch selten allein, aber doch hoffentlich unter Gleichgesinnten und darf ungeniert das Leben genießen.
Von der Hütte geht es steil in Kehren in die obersten Latschenflanken, zur grünen Wieseninsel des Reintalanger, zur Partnachquelle und zur alten Reintalanger-Hütte unter der schattigen Hochwanner-Nordwand. Der Rest ist ein Bummel entlang der sprudelnden Partnach, an der Blauen Gumpe vorbei, weit hinaus zur Partnachklamm und zum Bus.
Eine hochalpine Abstiegsalternative stellt der lange Jubiläumsgrat dar, der vom Zugspitzgipfel über die Höllentalspitzen zum Hochblassen zieht. Übereifrige Erschließer haben diese klassische Kletterroute 1985/86 mit Drahtseilen in einen Klettersteig verwandelt. Komplette Klettersteig-Ausrüstung, alpine Erfahrung und sicheres Wetter sind hier unbedingte Voraussetzungen!

16 Hohe Munde

Eckpfeiler der Mieminger Kette

Österreich
Wettersteingebirge
2662 m
F/Kst

Talort Oberleutasch, 1166 m, im gleichnamigen Tal, Straße/Bus von Mittenwald oder Telfs bzw. Innsbruck; AP/EP Ortsteil Klamm, am Weg ins Gaistal (Parkplatz).

Stützpunkt Rauth-H., 1598 m, priv., am O-Hang der Hohen Munde, 1.30 Std. von Oberleutasch.

Aufstieg Über Gaistal – Tillfuß-A. – Niedere Munde – W-Grat.

Abstieg O-Grat (Normalweg).

Talabstieg Rauth-H. – Leutaschklamm.

Zeiten Aufstieg 6 Std.; Abstieg 1.30–2 Std., Talabstieg 0.40–1 Std.

Charakter W-Grat ges. Schrofen- und Gratanstieg, nur für ausdauernde und schwindelfreie Bergwanderer; O-Grat bez. Steig, leicht.

Führer Härter/Beulke/Pfanzelt: AVF Wetterstein und Mieminger Kette, oder Pfanzelt: Kl. Führer Wettersteingebirge, Rother, München.

Karten AV 4/2 Wetterstein- und Mieminger Kette – Mittl. Blatt, und 4/3 Östl. Blatt, 1:25000. – Mayr-WK Seefeld, 1:30000. – ÖK 116, Telfs, und 117, Zirl, 1:50000. – FB-WK 322, Wetterstein – Karwendel – Seefeld – Leutasch – Garmisch-Partenkirchen, 1:50000.

Die Mieminger Kette zwischen Fernpaß und Leutasch, bekannt für mürbe Grate und schuttreiche Kare, ist für die meisten Bergsteiger nur die harmlose Dependance des Wettersteingebirges. Die Lage zwischen dem ersten hohen Kalkmassiv im Norden, der tiefen Inntalfurche und dem Alpenhauptkamm im Süden erlaubt großartige Ausblicke, und das macht den Reiz dieser Berge aus. Zwei Aussichtsgipfel par excellence, 25 Kilometer voneinander entfernt, unterstreichen diesen Wert: der von den Miemingern nach Südwesten abgesetzte Tschirgant und die Hohe Munde, unübersehbarer Eckpfeiler am östlichen Ende der Kette.

Die Paradeseite der Hohen Munde ist die 2000 Meter hohe Flanke über dem Inntal mit einem wild zerfurchten Vorbau unter den teilweise überhängenden Gipfelwänden. Aber auch die Rückseite über Leutasch und Gaistal kann sich sehen lassen; auf viele Urlauber von Leutasch und Seefeld macht sie immerhin solchen Eindruck, daß sie das Vorhaben, die Hohe Munde zu besteigen, schon bald aufgeben.

Der Normalweg über die Rauth-Hütte und den langen, steilen Ostrücken zu Vor- und Hauptgipfel ist nicht schwierig; 5 Stunden steigt man durch kühlen Wald, duftende Latschengassen, an Edelweiß-Polstern vorbei, in die Höhe und schließlich über ein Kalkfelsdach zum riesigen Gipfelkreuz. Im Auf- und Abstieg eine gleichfalls schöne, aber auch anstrengende Bergwanderung, die den Schweiß in Strömen fließen läßt.

Wer mehr als nur die eine Seite der Hohen Munde kennenlernen will, muß den ganzen Berg überschreiten, am besten von West nach Ost, denn dann steigert sich die Spannung bis zum Gipfel. Diese Tour beginnt gemütlich mit einem Talbummel und endet dramatisch mit einem kurzen Klettersteig.

Ausgangspunkt ist der Autoparkplatz im Gaistal, nicht weit hinter dem Leutascher Ortsteil Klamm, wo ein Verkehrsschild die Weiterfahrt verbietet. Der Marsch auf der Forststraße zögert den Beginn des eigentlichen Aufstiegs rund 1 Stunde hinaus, bietet aber ebensolang Gelegenheit, die Nordflanke der Hohen Munde zu studieren. Unterhalb der Tillfuß-Alm hat die Beschaulichkeit ein Ende. Ein schmaler Pfad windet sich nach Süden durch Latschenfelder hinauf zum Niedermundesattel. Kein vernünftiger Mensch geht an solch einem Rastplatz vorbei, wo der Blick urplötzlich im Süden ins Inntal hinunterstürzt und jenseits über Stubaier und Ötztaler Firngipfel spaziert; im Norden schaut man ganz ungeniert über das Gatterl hinweg aufs Zugspitzplatt.

Über zwei grüne Buckel gelangt man zur nächsten Etappe, zum langen Westgrat der Hohen Munde, der hier mit einem breiten Gras- und Geröllhang ansetzt. Auf sicherem Terrain gewinnt man schnell an Höhe, bis sich der Grat plötzlich verschmälert und Eisenstifte sowie Drahtseile signalisieren, daß nun auch die Hände zupacken müssen. Diese erste kurze Stelle im Fels gibt aber nur einen Vorgeschmack dessen, was kurz darauf

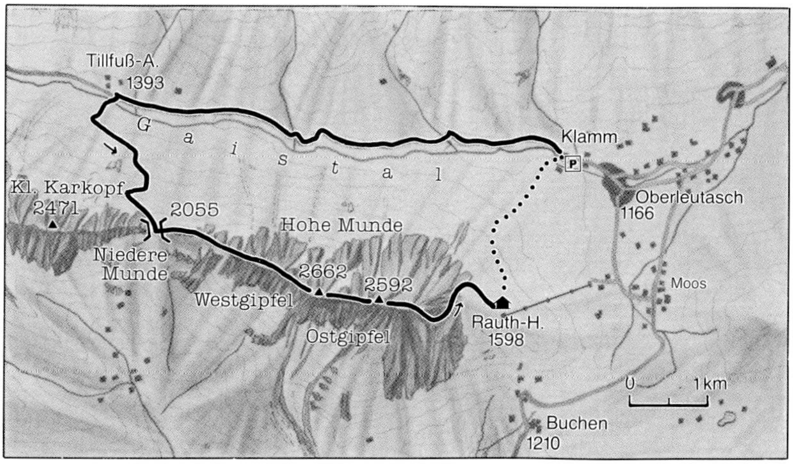

hinter dem Vorgipfel folgt. Den trennen nämlich eine Scharte und einige kecke Gratzacken vom nahen Hauptgipfel. Gäbe es da nicht einen veritablen Klettersteig hinüber, die Überschreitung wäre für Bergwanderer tabu. So aber hangelt man sich an Eisenstiften und Drahtseilen südseitig ein Stück hinunter, quert auf einem Band unter der Scharte durch und klettert drüben an den Sicherungen entlang zum Gipfeldach. Was sich so einfach liest, hat schon ganz heftig an den Nerven manch forschen Wanderers gezerrt ...

Unter dem Gipfelkreuz rastend, kann man sich von Nervenkitzel und Aufstiegsplagen erholen. Wie aus einer Pilotenkanzel schaut man ins Inntal hinab; in den Stubaiern lenken die Kalkkögel von den Firn- und Urgesteinsgipfeln ab; die Horizontlinie bilden die Dreitausender zwischen Hohen Tauern und Silvretta.

Der Abstieg zieht sich noch einmal in die Länge. Gleitschirmpiloten sind hier Könige, aber Skistöcke leisten ebenfalls eine gute Hilfe. Wer rechtzeitig zur Rauth-Hütte kommt, kann sich in den Sessellift plumpsen lassen und ins Tal schweben. »Echte« Bergsteiger gehen natürlich auch dieses letzte Stück zu Fuß!

Rund 2000 Meter hoch baut sich die Hohe Munde über Telfs im Inntal auf. Die beschriebene Tour überschreitet die beiden Gipfel von links nach rechts.

Blick von der Hohen Munde zum westlichen Vorgipfel und zur Zugspitze mit dem Platt. Durch die Felsflanke unter dem Vorgipfel führt die mit Drahtseilen und Stiften gesicherte Passage des Anstiegs von Westen.

17 Glockturm

Stilles Refugium über dem Kaunertal

Österreich
Ötztaler Alpen
3353 m
E/F

Talorte Feichten, 1287 m, im Kaunertal; AP Kaunertaler Gletscherstraße, ca. 2330 m (Rifflerboden), Mautstraße zum Sommerskigebiet. – EP Pfunds, 971 m, im Oberinntal, Bus/Straße von Landeck.

Stützpunkt Hohenzollern-Hs., 2120 m, DAV, nordwestl. unterm Glockturm, 4 Std. von Pfunds durch Pfundser und Radurschltal.

Aufstieg Über Riffltal – Riffljoch – N-Grat.

Abstieg N-Grat bis Riffljoch, dann über Hüttekarferner und Hüttekar zum Hohenzollern-Hs.

Talabstieg Nach Pfunds.

Zeiten Aufstieg 4 Std.; Abstieg 2.30 Std., Talabstieg 2–2.30 Std.

Charakter Leichte Hochtour mit kurzen (spaltenfreien) Gletscherstrecken und anregender Blockkletterei (I) auf bez. Route.

Hinweis Eine kurze Tages- und eine Rundtour ergibt sich, wenn man von der Kaunertaler Gletscherstraße startet, am Normalweg aufsteigt und für den Abstieg das Krummgampental wählt, das wieder zur Straße zurückführt.

Führer H. u. W. Klier: AVF Ötztaler Alpen, Rother, München.

Karten AV 30/4, Nauderer Berge, und 30/2, Weißkugel (nur für den O-Aufstieg), 1:25000. – ÖK 172, Weißkugel, oder Gebietskarte Ötztaler Alpen – Südteil, 1:50000. – FB-WK 253, Landeck – Reschenpaß – Kaunertal, 1:50000.

Der lange Glockturmkamm stößt von Prutz am Inn südwärts auf den westlichen Auslauf des Ötztaler Hauptkammes zu und reicht der Weißseespitze über das Weißseejoch hin nur die Hand; man glaubt, ihn deshalb als Schluß- und Nebenkamm abtun zu können. Wer hinter solchen Formulierungen letzte Paradiese an hochalpiner Stille erahnt, dessen Gefühl trügt beim Glockturmkamm keineswegs – zumindest so lange nicht, bis die Erschließung des Weißseeferners der Idylle des Kaunertals schlagartig ein Ende setzte.
Wo man früher vom alten Gepatsch-Haus auf schmalem Steig zwischen Arven und taunassen Alpenrosenpolstern hinaufschlenderte in die verlorene Welt der Kare, zerschneidet heute eine Straße die Bergflanke. Autolärm dröhnt weit in die Stein- und Firnkessel hinauf, dorthin, wo von den Ruhestörern selbst längst nichts mehr zu sehen ist. Glücklich darf sich schätzen, wer eine Tour auf den Glockturm planen kann, ohne sich den Kopf darüber zerbrechen zu müssen, wie man wieder zu seinem Wagen zurückkommt; ihm oder ihr eröffnet sich die Möglichkeit, von der Gletscherstraße aus wirklich in die Stille zu fliehen.
Startpunkt zum Anstieg auf den Glockturm von Osten her ist heute meist nicht mehr das Gepatsch-Haus, sondern der Rifflerboden in 2330 Meter Höhe, wo der Weg von der Gletscherstraße abzweigt (früher war man hier bereits 1 Stunde unterwegs). Jetzt gilt es, den Blick nach vorn zu richten, mit den Augen in ein Chaos voller Schönheit vorauszuwandern. Der Weg führt durch das Riffltal zu den beiden kleinen Seen unter dem Eislappen des Rifflferners, dann folgt man je nach Verhältnissen dem Steig durch Moränenhänge weiter bis kurz unter das Riffljoch und quert dort links hinüber zum Gipfelklotz, oder man gelangt auf dem Gletscher ansteigend auf dessen oberes Plateau (auf Spalten achten!). Auch am steileren Gipfelaufbau hat man die Wahl zwischen zwei Routen: Der Südostgrat lockt mit amüsanter Blockkletterei, während die Route über den Nordwestgrat zum Schluß durch eine steile Rinne den höchsten Punkt erreicht.
Der schönste ist hier auch der längste Abstieg: vom Gipfel zurück zum Riffljoch und über den Hüttekarferner weit hinunter zum Hohenzollern-Haus, das vom Autoverkehr im Inntal noch immer Welten entfernt ist. Zurück zur Gletscherstraße sollte man den Südostgrat hinunterturnen und das strenge Krummgampental hinausbummeln. Wer nach dem Glockturm partout mit sich allein sein möchte, entdeckt auf der AV-Karte leicht den Weg ins Kaiserbergtal ...

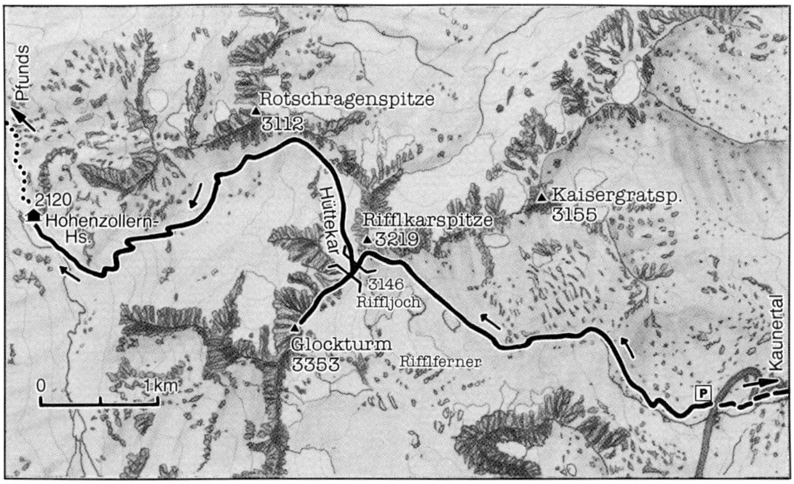

Blick von der Kaunertaler Gletscherstraße ins Krummgampental und zum Glockturm. Rechts das Riffljoch über dem gleichnamigen Ferner.

18 Hintere Schwärze

Eleganz über dem Marzellferner

Österreich
Ötztaler Alpen
3624 m
E/F

Talort Vent, 1895 m, im Talschluß des Venter Tals, Bus/Straße von Zwieselstein im Ötztal.

Stützpunkt M.-Busch-H., 2501 m, DAV, im Niedertal, 2.30 Std. von Vent.

Aufstieg Marzellferner – Hint. Schwärzenjoch – N-Grat (II–III).

Abstieg Über SW-Grat – W-Flanke – Marzellferner – M.-Busch-H.

Zeiten Aufstieg 5 Std.; Abstieg zur H. 2–2.30 Std., Talabstieg 1.30 Std.

Charakter Kombinierte, strenge Hochtour vorwiegend im Eis. – Der hier als Abstieg vorgeschlagene Normalweg ist unschwierig und meist gespurt; der N-Grat dagegen erfordert Gratkletterei und perfektes Steigen im Steileis!

Führer H. u. W. Klier: AVF Ötztaler Alpen, Rother, München.

Karten AV 30/1, Gurgl, 1: 25000. – ÖK 173, Sölden, oder Gebietskarte Ötztaler Alpen – Südteil, 1: 50000. – FB-WK 251, Ötztal – Pitztal – Kaunertal – Wildspitze, oder S 2, Vinschgau – Südliche Ötztaler Alpen, 1: 50000.

Zu den vielbestaunten, stets ins Auge fallenden Gipfeln der Ötztaler Alpen zählt die Hintere Schwärze nun wahrlich nicht – das deutet schon der Name an. Man sieht sie von keinem Talboden, von keiner Alpenvereins-Hütte und von keiner Seilbahnstation aus; wer sie aber erst einmal von höherer Warte entdeckt hat, etwa vom benachbarten Similaun oder vom Schalfkogel, der wird den Anblick der steilen, Marzell- und Schalfferner überragenden Firnschneide nicht mehr vergessen.

Schwarz ist dieser Berg allein an seiner Südseite, wo sich eine gewaltige Felsmauer gegen das Schnalstal hin absenkt. Hochalpine Ansichten zeigt die Hintere Schwärze ausschließlich auf Nordtiroler Seite, mit einer makellosen Eiswand, mächtigen Firnrampen, weiten Gletscherbecken und jenen scharfen Graten, die den eleganten Gipfelaufschwung bilden.

Der fast gleich hohe Similaun wirkt daneben ein bißchen zu brav und rundlich; daß es die Bergsteiger dennoch viel häufiger auf seinen Gipfel zieht, liegt an den touristischen Begleitumständen. Während am Similaun die 3000 Meter hoch auf der Grenze gelegene Hütte mit preiswertem Wein und kurzem Gipfelanstieg lockt, muß man die Hintere Schwärze vom 2500 Meter »tief« stehenden Martin-Busch-Haus angehen, wo schon das Schiwasser mehr kostet als oben der Südtiroler Rote. Für ehrgeizige Gipfelsammler aber, die sich ohnehin kaum für Preise und Bequemlichkeit interessieren, steht die Hintere Schwärze nach Wildspitze und Weißkugel an dritter Stelle in der Prioritätenliste der Ötztaler Alpen. Landschaftlich bietet sich eine Überschreitung des Berges in der schwungvollen Linienführung der Schmalseite geradezu an, doch alpintechnisch stellt dieses Vorhaben hohe Anforderungen; daran ändern auch die zunehmenden Ausaperungen am steilen Nordgrat wenig. Wer

Der steile Gipfelaufbau der Hinteren Schwärze, gesehen von der Vereinigung von Nord- und Ostgrat. Rechts die Nordwand, links die fast völlig eisfreie Schnalstaler Südseite.

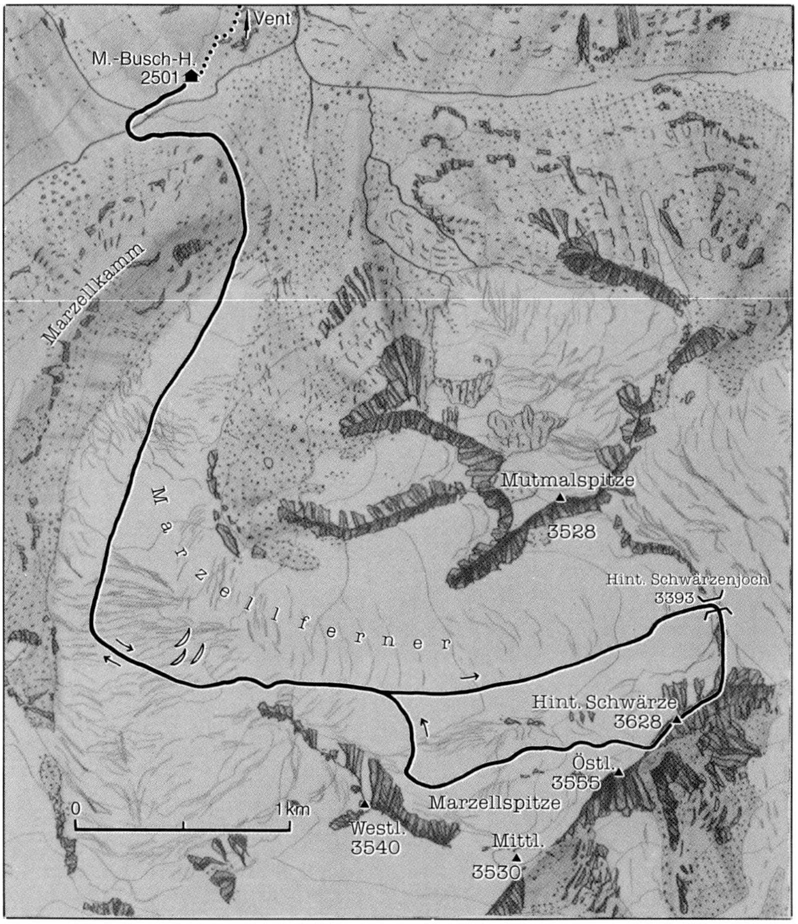

20 Pflerscher Tribulaun

Gespaltener Riesenklotz im Grenzkamm

Italien/Österreich
Stubaier Alpen
3096 m
F

Talort Innerpflersch, 1245 m, im hint. Pflerschtal südwestl. des Brenner, Bus/Straße von Gossensaß.

Stützpunkt Südtiroler Tribulaun-H., 2368 m, CAI, auch Rif. C. Calciati al Tribulaun am Sandessee, nördl. über dem Pflerschtal, 3.30 Std. von Innerpflersch.

Aufstieg Über Sandesjoch, 2821 m, und die ob. S-Wand (III–).

Abstieg Wie Aufstieg.

Zeiten Aufstieg 4 Std.; Abstieg 2–3 Std., Talabstieg 1.30 Std.

Charakter Eindrucksvolle, ausgesetzte Wand- und Rinnenkletterei in streckenweise leider brüchigem Dolomit; teilw. drahtseilges. Steinschlaggefahr!

Hinweise Der NW-Grat, den der »Normalweg« am Sandesjoch verläßt und erst dicht unter dem Gipfel wieder erreicht, kann auch in seiner ganzen Länge begangen werden; er ist etwas schwieriger (III+), bietet aber festeren Fels. – Anstieg auch von der österr. Tribulaun-H., 2064 m, oberhalb des Gschnitztals mögl.; der zeitliche Mehraufwand für Auf- und Abstieg beträgt im Vergleich mit dem Weg auf Südtiroler Seite in Auf- und Abstieg jeweils 1 Std., wobei man das Sandesjoch direkt von N durch eine steile Rinne erreicht.

Führer H. u. W. Klier: AVF Stubaier Alpen, Rother, München.

Karten ÖK 174, Timmelsjoch, und 175, Sterzing, 1:50000; für den Aufstieg von der österr. Tribulaun-H. zusätzl. ÖK 148, Brenner, 1:50000. – FB-WK S 4, Sterzing – Jaufenpaß – Brixen, oder 241, Innsbruck – Stubai – Sellrain – Brenner, 1:50000.

Lange Zeit galt der Pflerscher Tribulaun als unersteigbar, vor allem aber als äußerst gefährlich. Noch heute schlagen Kletterer einen Bogen um diese Kalkinsel im Stubaier Urgestein: über die nahe Brenner-Autobahn ist es nur ein Katzensprung zu Wänden und Kanten mit festem Fels. Dennoch kann niemand dem Pflerscher Tribulaun gewisse Reize absprechen: seine interessante Lage im Alpenhauptkamm und der ernste Charakter seiner Anstiegsrouten.

Wer sich den Kalkklotz von der italienischen Tribulaun-Hütte betrachtet, kann sich kaum vorstellen, daß durch seine Südwand eine vergleichsweise leichte Route führt. Aber es ist schon so: Man geht den schroffen Berg von der Hütte an, indem man unterhalb der senkrechten Wandabstürze zu der großen Schuttreiße quert. Ein paar riesige Felsblöcke markieren gleich bei der ersten, vom Sandesjoch herabziehenden Rinne den Einstieg in etwa 2400 Meter Höhe. Die anfangs von Felskulissen eingefaßte Rinne führt zuerst zu einem Schuttfeld und dann weiter direkt zum Sandesjoch (nicht zu verwechseln mit dem Sandesjöchl zwischen Goldkappel und Pflerscher Pinkel).

Von diesem Schartl schwenkt man nach rechts, wo man die folgenden Gratzacken des Westgrats auf Bändern nordseitig umgeht und weiter oben zu einem Schuttkar am Fuß des Gipfelaufbaus gelangt. Nun verläßt man den Westgrat und hält sich schräg rechts aufwärts zu einem System von Bändern. Auf einem schmalen Band quert man bis zu dessen Abbruch in die Südwand, und steigt durch eine Rinne empor auf ein höheres Band. Am östlichen Ende dieses Bandes, bei einer 5 Meter hohen, überhängenden Wand, markiert ein Drahtseil den Einstieg in die wesentlich steileren Gipfelaufbauten. Ein kaminartiger Riß bildet den Auftakt, dann folgt eine plattige Steilrinne, die wegen der großen Steinschlaggefahr zügig und mit höchster Vorsicht zu durchsteigen ist. Sie endet in einem von Steilwänden umschlossenen Kessel, aus dem man an Drahtseilen entlang über die rund 60 Meter hohe Schlußwand zum letzten Teil des Westgrates aufsteigt und über ihn zum Gipfel klettert. Der Hinweis auf die direkte Route über den Westgrat darf an dieser Stelle nicht fehlen. Die Kletterei ist dort etwas schwieriger, allerdings ist der Fels besser und die Steinschlaggefahr erheblich geringer.

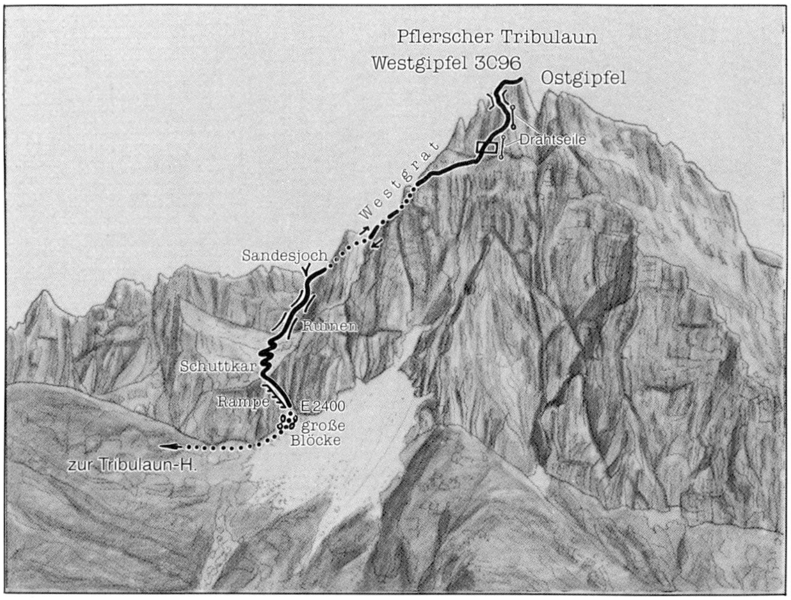

Der Pflerscher Tribulaun, hier von Süden gesehen, läßt keinen Zweifel aufkommen, daß nur Kletterer seinen Gipfel erreichen.

21 Ruderhofspitze

Überschreitung Falbesontal – Oberbergtal

Österreich
Stubaier Alpen
3474 m
E/F

Talorte AP Falbeson, 1212 m, im Unterbergtal, Bus/Straße von Neustift. – EP Oberiss, 1742 m, im Oberbergtal, Straße von Milders bei Neustift.

Stützpunkte Neue Regensburger H., 2287 m, DAV, im Falbesontal, 2.45 Std. von Falbeson. – Fr.-Senn-H., 2149 m, ÖAV, im Oberbergtal, 1.15 Std. von Oberiss.

Aufstieg Über Hochmoosferner – Hochmoosscharte – NW-Grat (II).

Abstieg SW-Grat (I) – Alpeiner Ferner – Fr.-Senn-H.

Talabstieg Nach Oberiss.

Zeiten Aufstieg 5 Std.; Abstieg zur Fr.-Senn-H. 2.20–4 Std., Talabstieg 0.45 Std.

Charakter Anspruchsvolle Hochtour über lange Gletscher. – Im Gipfelbereich Gratkletterei, die am NW-Grat, bei Umgehung einiger Steilstufen, mäßig schwierig ist. Der SW-Grat ist der einfachere »Normalweg«. – Beide großen Gletscher weisen mehrere Spaltenzonen auf!

Führer H. u. W. Klier: AVF Stubaier Alpen, Rother, München.

Karten AV 31/1, Hochstubai, 1:25000. – ÖK 147, Axams, 1:50000. – FB-WK 241, Innsbruck – Stubai – Sellrain – Brenner, 1:50000.

Das Zuckerhütl, eine feine alles überragende Firnhaube, der Schrankkogel, eine mächtige Pyramide, und die Ruderhofspitze, der Kulminationspunkt ruhiger Gratlinien: In der Harmonie des Aufbaus steht der dritthöchste Gipfel der Stubaier Alpen den ersten beiden in nichts nach. Und was vielleicht an dramatischen Akzenten und kühnen Formen fehlt, wird durch die starke Wirkung des Gesamtbildes, des Zusammenspiels flacher Gletscherbecken, dunkler Felsgrate und steiler Firnschilde, mehr als ausgeglichen.
Der Erstersteiger Anton von Ruthner hat die Ruderhofspitze »eine in ihrer erhabenen Ruhe großartige Erscheinung« genannt, und wenn uns auch heute solch pathetische Worte befremden, treffen sie doch das Wesentliche: Beim ersten Anschauen findet man an dieser Ruderhofspitze oft nichts Besonderes, weil nichts Spektakuläres; aber im Laufe der Zeit prägt sich ihre Silhouette immer tiefer ein, bis den begehrlichen Blicken schließlich alpine Taten folgen. Nicht von ungefähr ist dieser Berg einer der meistbesuchten in den Stubaier Alpen!
Normalerweise wird die Ruderhofspitze von der Franz-Senn-Hütte aus über den Alpeiner Ferner und den flachen Südgrat erstiegen. Dieser Alpeiner Ferner reichte um die Jahrhundertwende fast bis zur Alpenvereins-Hütte hinunter. Heutzutage muß man ihm lange nachlaufen, auf mehr oder weniger mühsamen Moränenpfaden. Nicht zuletzt deswegen ist inzwischen für den Aufstieg (mehr und mehr) die um einiges interessantere, abwechslungsreichere Route von Osten in Mode gekommen, aus dem Falbesontal über den Hochmoosferner und die Nordflanke. Der Stützpunkt ist hier die Neue Regensburger Hütte, erreichbar in kaum 3 Stunden vom Talparkplatz Falbeson.
Die Tour beginnt am nächsten Tag ganz harmlos und flach mit dem Marsch durchs Hohe Moor zum Falbesoner See; aber bei diesem Eingehen sind gleich die Augen gefordert, denn die blicken geradewegs auf die

Vom Wandergipfel des Trögler (zwischen Dresdner und Sulzenau-Hütte) blickt man in die Südseite der Ruderhofspitze. Rechts mit dem feinen Firndach die Östliche Seespitze.

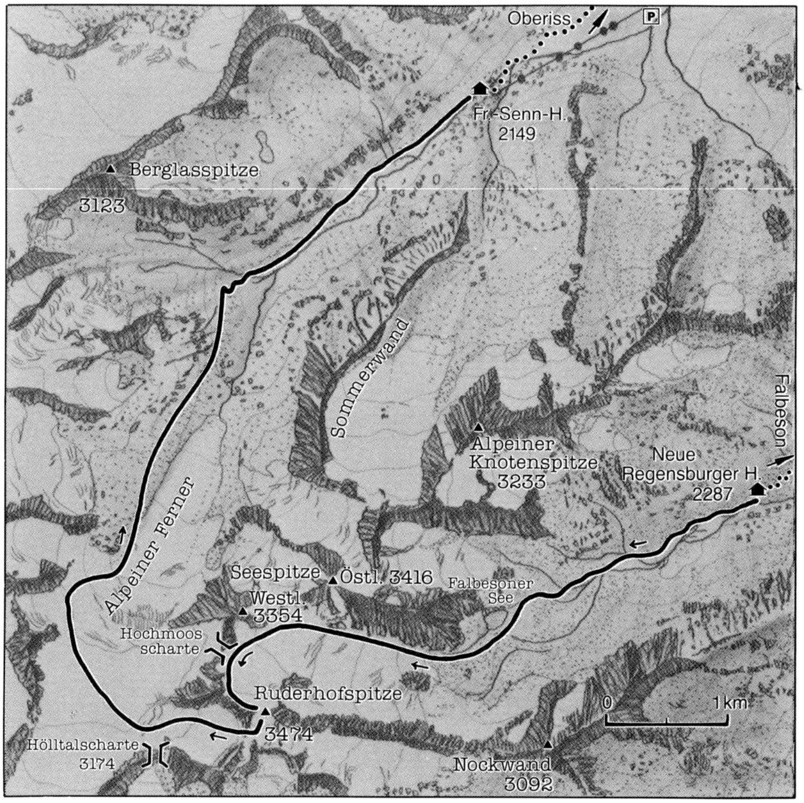

Nicht weniger elegant als die Südseite der Ruderhofspitze ist deren Westflanke, wie dieses auf dem Schrandele aufgenommene Bild zeigt. Vom Betrachter zum Gipfel hinauf zieht der für den Aufstieg empfohlene Nordwestgrat vom Hochmoosferner (links), während die leichtere Normalroute über den hier im Abstieg beschriebenen Südwestgrat (rechts) und den Alpeiner Ferner verläuft.

steilen Firnflanken der Ruderhofspitze. Der Eiszunge des Hochmoorferners weicht man rechts auf die Seitenmoräne aus, der Gletscher wird erst in Höhe des markanten Felsköpfels P.2755 betreten. Am orographisch linken Gletscherrand – also im Aufstieg rechts – geht's dann, nahe unter den Felsabbrüchen der Seespitze vorbei, so lange gegen die Hochmoosscharte bergauf, bis die Ruderhofspitze mit ihrer mächtigen Eiswand direkt links gegenüber aufragt.

Den besten Zugang zum wuchtigen Gipfelaufbau vermittelt der felsige Nordostsporn, der die Eiswand links begrenzt. Sobald das Gelände flacher wird, steigt man am besten rechts im Firn an und erreicht schließlich über einen letzten, steileren Aufschwung das massive Gipfelkreuz. Bei guten Verhältnissen ist diese Route nicht besonders schwierig, im Spätsommer jedoch kann der Bergschrund unter der Nordwand Komplikationen verursachen. Dann ist es besser, den Normalweg über den Südgrat zu wählen, der auch meist für den Abstieg benutzt wird.

Wer sich an den wirklich schönen Hochgebirgsbildern ringsum sattgesehen hat – was lange dauern kann, denn die Ruderhofspitze steht im Zentrum der Stubaier Gletscher –, der verlasse die Gipfelkalotte südwärts über einen langen Schneehang und folge dem leichten Südgrat am besten bis zur flachen Scharte, dort ist der Wechsel auf den Alpeiner Ferner am einfachsten. Nun durch die Firnflächen des obersten Gletscherbeckens zum westlichen Rand des Eisstroms, wo unterhalb der Wildkarspitzen bald die Seitenmoräne in Sicht kommt. Auf ihrem Scheitel geht's hoch über der stark abgeschmolzenen Gletscherzunge hinaus zum Alpeiner Bach und an ihm weiter zur Franz-Senn-Hütte, der größten und dennoch gemütlichsten Alpenvereins-Hütte in den Stubaiern.

22 Vertainspitze und Hoher Angelus

Zwei Dreitausender zwischen Sulden und Vintschgau

Italien
Ortler-Gruppe
3545 m
F/E

Hoher Angelus und Vertainspitze – der 3500 Meter hohe Ostrand des Suldener Talkessels – beherrschen sowohl das Zaytal als auch die Umrahmung des stattlichen Laaser Ferners. Die Angelusscharte zwischen beiden stellt weniger einen trennenden Einschnitt als vielmehr eine Verbindung dar, wobei der Hohe Angelus mit seiner schräg sitzenden Eiskappe der schönere, die Vertainspitze aber der höhere Gipfel ist.
Vom Laaser Ferner aus, also von Nordosten her, sind beide Gipfel leicht zu erreichen: der Hohe Angelus von der Angelusscharte über den Südwestgrat, die Vertainspitze vom Rosimjoch durch die schnee- und geröllbedeckte Südflanke. Beide Anstiege haben aber den Schönheitsfehler, daß es auf dieser Seite keinen Stützpunkt gibt. Den finden Bergsteiger auf der Westseite, im Zaytal, nämlich die Hütte mit den drei Namen: Rifugio Alfredo Serristori, Düsseldorfer Hütte oder schlicht Zaytal-Hütte.
Von dieser Unterkunft ist die Normalroute jedoch nicht gerade der direkteste Weg zur Vertainspitze; man muß quasi halb um den Berg herum und dann von der Rückseite hinaufsteigen. Das wäre für diesen aussichtsreichen Gipfel zwar sicher kein zu großes Opfer, nur gibt es mittlerweile auch für den alpinen »Normalverbraucher« die Möglichkeit, den dicht hinter der Hütte beginnenden, »zielstrebigen« Nordwestgrat hinaufzusteigen. Eifrige Erschließer entschärften vor einigen Jahren diese Route, indem sie Drahtseile sowie massive Haken anbrachte und den Weg übersichtlich markierten. Das felsige Gelände, in dem früher schneidige Kletterer unter sich waren, hat heute das trittsichere »Fußvolk« – im doppelten Sinn – fest im Griff; nirgendwo übersteigen die klettertechnischen Schwierigkeiten den II. Grad. Für die eindrucksvolle Überschreitung von Vertainspitze und Angelus könnte es keinen schöneren Auftakt geben.

Talort AP/EP Sulden, 1866 m, Straße/Bus von Spondinig im Vintschgau.

Stützpunkt Düsseldorfer H. oder Zaytal-H., 2721 m (Rif. A. Serristori), CAI, im ob. Zaytal, 1.15 Std. von der Kanzel-Bergstation (Sessellift ab Sulden).

Aufstieg NW-Grat zur Vertainspitze.

Abstieg Über NO-Grat zur Angelusscharte, dann über SW-Grat auf den Hohen Angelus, 3521 m, zurück zur Angelusscharte und über den Zayferner zur Zaytal-H.

Talabstieg Zur Kanzel-Bergstation.

Zeiten Aufstieg zur Vertainspitze 3.30 Std.; Übergang zum Hohen Angelus und Abstieg zur Zaytal-H. 2–3 Std., Talabstieg 0.45 Std.

Charakter Aufstieg ges. und mark. Route, einige Kletterstellen (II), später Firngrat. – Überschreitung in Fels und Firn zum Hohen Angelus unschwierig; Abstieg aus der Angelusscharte über den kleinen, aber steilen und im Spätsommer oft vereisten Zaygletscher.

Hinweise Direktabstieg von der Vertainspitze am einfachsten durch die S-Flanke zum Rosinjoch und über den Laaser Ferner in die Angelusscharte. – Talabstieg auch durchs Zaytal direkt nach Sulden (1.15 Std.).

Führer P. Holl: AVF Ortler Alpen, Rother, München.

Karten FB-WK S 6, Ortlergruppe – Martell – Val di Sole, oder S 2, Vintschgau – Südl. Ötztaler Alpen, 1:50000. – TCI D 62, Gruppo Ortles – Cevedale, 1:50000.

Der Einstieg befindet sich kaum $1/4$ Stunde oberhalb der Hütte und legt Anfängern gleich einen wahren Prüfstein für Nerven und klettertechnisches Geschick in den Weg: Ein Felsausbruch hat hier vor Jahren eine kleine, senkrechte Wand geschaffen, die nur mit Hilfe einiger solider Eisenstifte zu bezwingen ist. Im weiteren Verlauf hält man sich mehr oder weniger an den Grat, der sich zwischendurch zu einem Rücken verbreitert, später jedoch zum kurzen Ausweichen in die Nordwand zwingt und

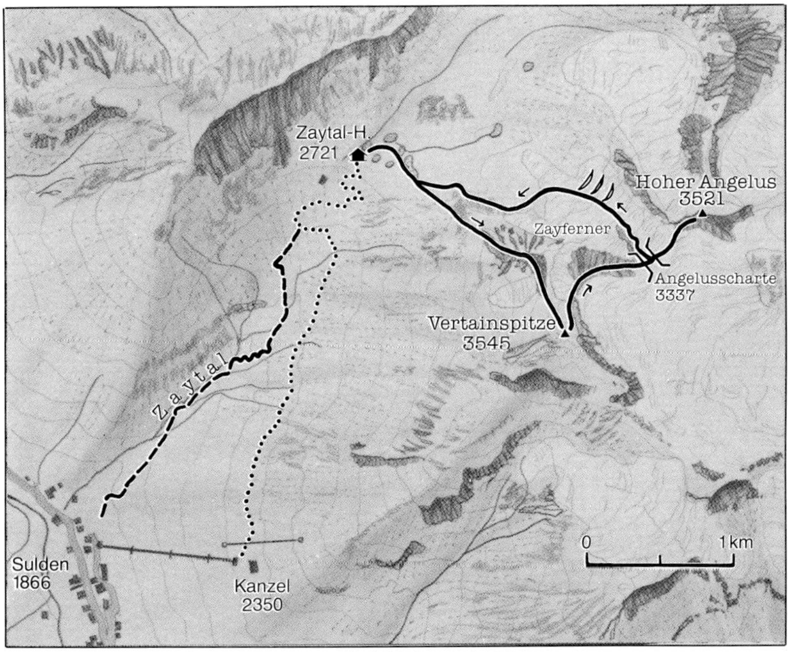

schließlich von dem auffälligen Vorgipfel (Harpprechtkuppe) in zwei Hälften geteilt wird.
Dieses Hindernis ist am besten südseitig zu umklettern; aus der dahinterliegenden Scharte geht's dann über den nächsten nördlichen Vorgipfel endgültig auf den höchsten Punkt hinauf. Extreme landschaftliche Gegensätze verwandeln den Rundblick vom Gipfel in ein aufregendes Erlebnis: Auf der einen Seite stehen die eisigen Majestäten von Ortler, Königsspitze und Cevedale, auf der anderen durchwandern die Augen das beruhigende Grün des Etschtals mit dem blau schimmernden Reschensee weit draußen; im Vordergrund breitet sich der weiße Teppich des Laaser Ferners aus, am Horizont sind im Osten die bizarren Kalkruinen der Dolomiten zu erkennen.
Der Abstieg in die Angelusscharte folgt vom Nordgipfel dem teilweise gesicherten und markierten Nordostgrat, der nur an seinem untersten Abbruch etwas Vorsicht erfordert. Ganz einfach ist dagegen der in der Scharte ansetzende Angelus-Südgrat, der in einer knappen Stunde zum zweiten Gipfelkreuz des Tages leitet.
Der kürzeste Rückweg zur Düsseldorfer Hütte führt wieder zur Angelusscharte zurück und über den steilen Zaygletscher. Im Spätsommer kann Blankeis diese Route versperren; dann ist es die beste Lösung, direkt vom Angelusgipfel entlang dem Nordwestgrat auf der bezeichneten Reinstadlerroute abzusteigen. Diese 1870 erstmals begangene Route führt zum Schluß noch einmal in steileres Felsgelände. Die Schlüsselstelle – eine lange Querung im unteren Bereich – ist jedoch mit einem Drahtseil gesichert und kann niemanden schrekken, der die Überschreitung von Vertainspitze und Hohem Angelus hinter sich hat.

Hoher Angelus (links) und Vertainspitze mit einem der zahlreichen Seenaugen in der Umgebung der Zaytalhütte. Die Überschreitung der beiden Gipfel beginnt am rechten Bildrand, folgt den beiden großen Felsgraten über die Vertainspitze in die Angelusscharte und verläuft dann – überwiegend im Firn – über den Kamm auf die Eiskalotte des Angelus, bevor im Abstieg der hier relativ harmlose Zayferner zu queren ist.

men. Denn von der Hüttentür der Brentei-Hütte aus schließen sich die Cima Tosa und die ungeheure Felsentreppe der Crozzon-Nordkante zu einem Massiv zusammen – zu einem höchst charakteristischen Musterstück der ganzen herrlichen Gruppe.

Cima-Tosa-Aspiranten sollten an der Pedrotti-Hütte möglichst früh aufbrechen: Zum einen ist die Route den ganzen Tag der Sonne ausgesetzt, zum andern muß man sich stets der alten Brenta-Regel bewußt sein, nach der jeden Mittag Wolken aufziehen und die Aussicht verderben. Der Weg ist markiert und kaum zu verfehlen. Die erwähnte »Schlüsselstelle« ist dort zu finden, wo die Wandabbrüche der Cima Tosa über dem Rest des Tosagletschers am niedrigsten sind – untenstehendes Foto zeigt die Situation. Über einen kleinen Felssporn gelangen wir zum berühmten Einstieg in den schwarzen, meist nassen Kamin (siehe Foto Seite 72). An dessen rechter Seite kletternd, passieren wir die schwierigste Stelle der Tour, dann steigen wir bereits auf eine Firnstufe aus und plagen uns in der feuchten oder auch eisigen Kartreppe durch zwei Hochmulden weit hinauf zum Firnkamm des Gipfelaufbaus. Links haltend, erreichen wir den höchsten Punkt und eine grandiose Aussicht: Wer hier nicht fotografiert, hat weniger vom Leben …

Im Kamin, der Schlüssel- und einzigen ▷ Kletterstelle des Cima-Tosa-Normalwegs kommt es bei starkem Andrang häufig zu Stockungen.

Keine spektakulären Felsformationen, aber die entscheidende »Schwachstelle« ist auf der Südostseite der Cima Tosa zu entdecken, durch die der Normalweg zum Gipfel emporzieht.

25 Großer Löffler

Über Floiten- und Stilluppgrund

Österreich
Zillertaler Alpen
3379 m
E/F

Talort AP/EP Ginzling, 989 m, im Zemmtal, Bus von Mayrhofen.

Stützpunkt Greizer H., 2227 m, DAV, auf dem Griesfeld, 4 Std. von Ginzling durch den Floitengrund.

Aufstieg Über Floitenkees – SW-Flanke (I).

Abstieg Wie Aufstieg.

Zeiten Aufstieg 3.30 Std.; Abstieg 2 Std., Talabstieg 2–2.30 Std.

Charakter Kombinierte Eis-/Felstour mit spaltenreichem (!) Gletscher sowie Block- und Schrofengelände; nur für erfahrene Bergsteiger.

Hinweis Ein fast gleich hohes, doch leichteres Ziel ist der nahe Schwarzenstein, 3369 m, dessen Besteigung sich auch mit der vorliegenden Tour zu einer Rundtour verbinden läßt. Dazu steigt man vom Gr. Löffler zur Schwarzenstein-H., 2922 m, ab und überschreitet anderntags den Schwarzenstein mit Abstieg zur Berliner H., um anschließend auf einem Höhenweg zur Greizer H. zurückzukehren (s. »Hüttenwandern 2«, Tour 33).

Führer H. u. W. Klier: AVF Zillertaler Alpen, Rother, München.

Karten AV 35/2, Zillertaler Alpen, Mittl. Blatt, 1:25000. – ÖK 150, Mayrhofen, oder Gebietskarte Mayrhofen und Umgebung, 1:50000. – FB-WK 152, Mayrhofen – Zillergrund – Ahrntal, 1:50000.

Zu den markantesten Gipfeln der Zillertaler Alpen zählt der in der Mitte des Hauptkamms aufragende Große Löffler. Sein wuchtiger, vollkommen freistehender Gipfelstock mit den schönen Grataufschwüngen und prallen Wänden macht nach jeder Seite hin eine gute Figur. Drei Gletscherbecken ringsum stehen in Kontrast zum dunklen Fels und verleihen dem Ganzen einen Hauch von Unnahbarkeit.

Vielleicht galt den Zillertalern auch deshalb jener Berg weit hinten im Floitengrund zu Beginn des 19. Jahrhunderts als unbezwingbar. Im Gegensatz zu vielen anderen, hohen Zillertaler Gipfeln war es hier einmal nicht der Eroberungsdrang der Engländer, sondern der berufliche Ehrgeiz eines Landvermessers, der schließlich zur ersten Ersteigung führte. Als der Bergrat M.V. Lippolt im September 1843 zum Großen Löffler aufbrach, fand sich unter den skeptischen Zillertalern nur ein Gemsjäger bereit, ihn zu begleiten. Die beiden hatten das Glück der Wagemutigen auf ihrer Seite und konnten den Nimbus der Unbezwingbarkeit zerstören, waren aber von Ginzling aus insgesamt 20 Stunden unterwegs.

Heute lassen sich die Plagen dank der Greizer Hütte in kleineren Dosierungen an zwei Tagen genießen. Solange man sich an die Normalroute der Erstersteiger hält, gibt es eigentlich keine Schwierigkeiten, allenfalls Überraschungen, wenn das Floitenkees stark ausgeapert ist, Blankeisstellen zutage treten oder breite Schründe den üblichen Weg versperren.

Gestartet wird wie schon 1843 in Ginzling bzw. beim letzten Parkplatz im Floitengrund (Tristenbach-Alm), 3 oder 4 Wegstunden unterhalb der herrlich gelegenen Greizer Hütte. Dort findet man vor der eindrucksvollen Floitenkeesumrahmung ein vorzügliches Quartier mitsamt einem netten Hüttenwart. Am nächsten Morgen folgt man von der Hütte weg ein Stück der Wasserleitung, dann dem oberen Pfad zum Floitenkees und bleibt später am Gletscher möglichst links in der Nähe des Nordwestsporns. Aus dem oberen Firnbecken südlich unterm Löffler zieht die Route nach links durch die Blockhalden der Südsüdwestflanke empor bis zum Steilaufschwung des eigentlichen Gipfelkopfes, der bei Vereisung etwas Vorsicht verlangt.

Vom Gipfelkreuz schaut man noch

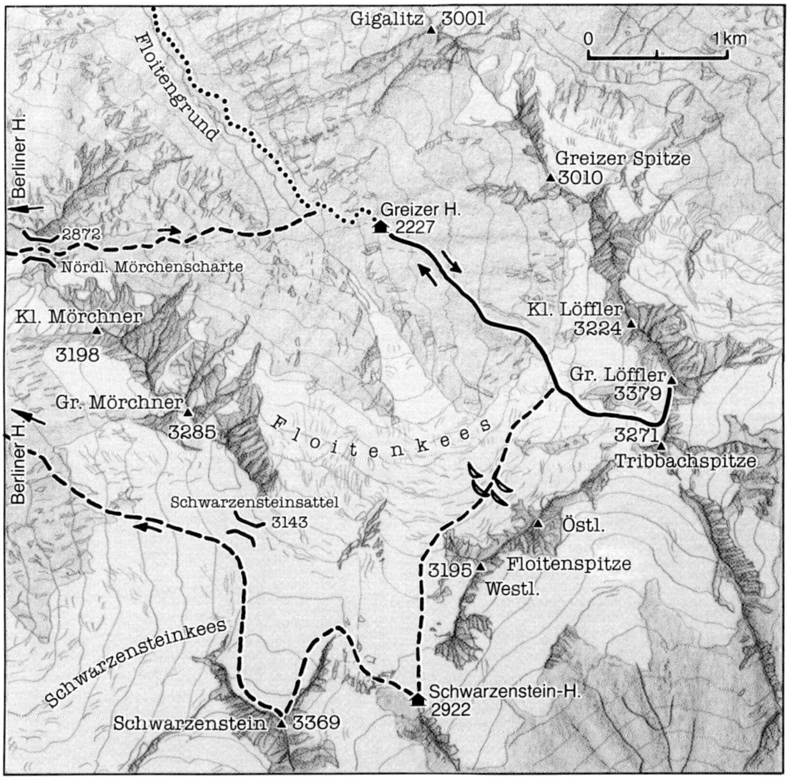

wie zu Zeiten der Erstersteiger in die grüne Welt des Ahrntals und des Floitengrundes, bewundert die Mächtigkeit des Großvenediger, die Eigenständigkeit der Reichenspitz-Gruppe sowie die schönen Konturen von Hoch- und Wildgall. Der Zillertaler Hauptkamm im Westen erscheint stark verkürzt; der Kenner entdeckt dort bald, welch verlockendes Ziel sich mit dem Löffler kombinieren läßt: der fast gleichhohe, breit übergletscherte Schwarzenstein auf der anderen Seite des Floitenkessels.
Seitdem die Schwarzenstein-Hütte südlich des Hauptkamms wieder bewirtschaftet ist, kann das Ganze zu einer interessanten Rundtour ausgeweitet werden: Vom Gipfel des Löffler zurück aufs Floitenkees und dort in etwa 2700 m Höhe in langer Querung hinüber zum flachen Tribbachsattel, hinter dem bald in exponierter Lage die Schwarzenstein-Hütte auftaucht. Anderntags geht's leicht hinauf zum nahen Schwarzenstein und im Anschluß an die lange Gipfelrast (sehr schöner Blick zum Großen Löffler) weiter nordwärts über das sanfte Schwarzensteinkees hinab in das volle Leben der Berliner Hütte. Die letzte Etappe wäre dann die Rückkehr auf dem Berliner Höhenweg durch die Nördliche Mörchenscharte in den Floitengrund.

Wetter- und Gipfelglück auf dem Schwarzenstein. Gegenüber ragt der mächtige Große Löffler aus den Gletscherflanken von Floiten- und Tribbachkees heraus. Weite Teile des Anstiegs sind gut zu erkennen; schon auf den ersten Blick wird dem Betrachter klar, daß der Weg über den zerklüfteten Gletscher hochalpine Erfahrung erfordert. Links hinter dem Löffler schaut die Wildgerlosspitze hervor, ganz links am Horizont steht die Kalkmauer des Wilden Kaiser.

26 Wildgerlosspitze

Überschreitung Eisraute – Südgrat

Österreich
Zillertaler Alpen
3278 m
E/F

Talorte Gerlos, 1245 m, an der Gerlospaßstraße; AP/EP Ghs. Finkau, 1409 m, am gleichnamigen See im Wildgerlostal (Straßenzufahrt vom Gerlospaß am Durlaßboden-Speicher entlang).

Stützpunkt Zittauer H., 2329 m, DAV, am Unt. Gerlossee, 3 Std. von der Finkau.

Aufstieg Über Wildgerloskees – N-Grat (mit Eisraute) des NW-Gipfels (II, Steileis) und Gratübergang zum Hauptgipfel (IV–).

Abstieg S-Grat – Kuchelmooskees – Reichenspitze, 3303 m – Gabler O-Flanke – Wildgerloskees – Zittauer H. (II).

Zeiten Aufstieg Zittauer H. – Wildgerlosspitze 5–6 Std.; Übergang zur Reichenspitze und Abstieg zur Zittauer H. 4–5 Std., Talabstieg zur Finkau 2 Std.

Charakter Hochalpine, kombinierte Tour, die Kletterfertigkeit an den Graten, guten Orientierungssinn und perfekte Eistechnik auf den Gletscher- bzw. Firnabschnitten erfordert. Komplizierte Routenführung, daher den (etwas verwirrenden) AVF studieren!

Hinweise Weniger geübte Bergsteiger sollten sich – sofern Gletschererfahrung vorhanden – mit dem Normalweg von der Plauener H. über Kuchelmooskees und S-Grat zur Wildgerlosspitze begnügen (II, 3 Std.). (Reichenspitze siehe auch »Bergsteigen – Band 1«, Klassische Alpengipfel, Tour 56.).

Führer H. u. W. Klier: AVF Zillertaler Alpen, Rother, München.

Karten AV 35/3, Zillertaler Alpen, Östl. Blatt, 1:25 000. – ÖK 151, Krimml, 1:50 000. – FB-WK 121, Großvenediger – Oberpinzgau, 1:50 000.

Neben dem Gipfelpaar von Gabler und Reichenspitze steht nordwärts die Gneispyramide der Wildgerlosspitze. »Markenzeichen« des Nordgrats ist eine elegante Eisraute knapp unter dem Gipfel.

Die Überschreitung von Wildgerlosspitze und der 25 Meter höheren, aber technisch einfacheren Reichenspitze ist eine der großzügigsten Unternehmungen über dem Wildgerlostal. Kaum hat man sich den Schlaf aus den Gliedern gelaufen, erfordert die Querung des Wildgerloskeeses bereits höchste Konzentration. Oft muß man die Bruchzone am Sockel des Nordgrats in einem weiten Bogen umgehen, um schließlich von Westen her auf den Felskeil überwechseln zu können.

Das Emporklettern an Blöcken und Gneistafeln ist reiner Genuß, der sich im Firn der Eisraute auf andere Weise fortsetzt. Der Übergang zur Nadel des Hauptgipfels ist schwierig. Wer auf den höchsten Punkt verzichten kann, klettert vom Vorgipfel kurz nach Westen ab und traversiert durch die Becken von Ziller- und Kuchelmooskees zur Reichenspitze (Vorsicht: Spalten!). Dann geht's »nur noch« durch die felsige Südflanke des Gabler und über dessen »Glatze« und einen Seitenarm des Wildgerloskeeses weit, weit hinunter zur Zittauer-Hütte am Unteren Gerlossee.

Der Untere Gerlossee mit der Zittauer Hütte und die Gipfel über dem Wildgerloskees (v. l. n. r.): Gabler, Reichenspitze, Hahnenkamm und Wildgerlosspitze (mit Eisraute).

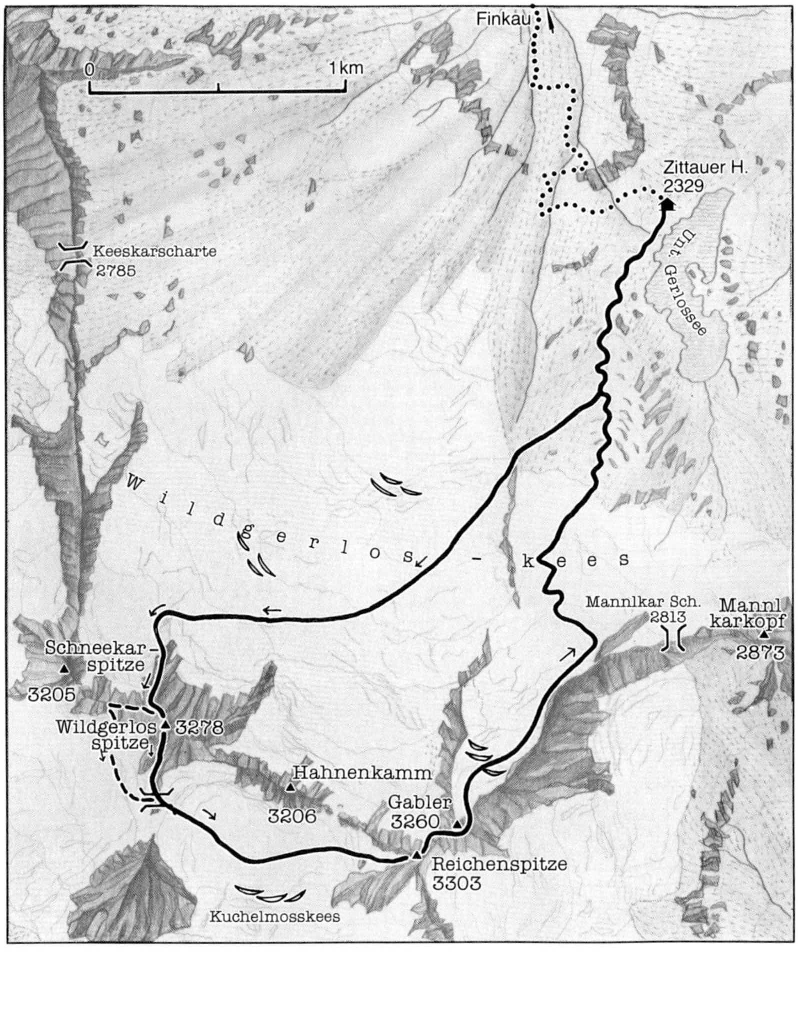

27 Dreiherrnspitze

Eckberg der Hohen Tauern

Italien/Österreich
Venediger-Gruppe
3499 m
E/F

Talorte Kasern, 1595 m, im ob. Ahrntal, Straße/Bus von Bruneck. – Heiligengeist, 1619 m, im hint. Ahrntal, Fahrstraße von Kasern.

Stützpunkt Lenkjöchl-H., 2589 m, CAI, am gleichnamigen Joch zwischen Röt- und Windtal, 3 Std. von Kasern durch das Röttal, 2.30 Std. von Heiligengeist durch das Windtal.

Aufstieg Über Hint. Umbaltörl, 2849 m – Umbalkees – SW-Grat.

Abstieg Wie Aufstieg.

Zeiten Aufstieg 5 Std.; Abstieg zur Hütte 3–3.30 Std., Talabstieg 1.30–2 Std. bis Kasern oder Heiligengeist.

Charakter Langer Gletscheranstieg mit kurzer Kletterei (I) am SW-Rücken.

Einer der topographisch bedeutendsten Ostalpenberge mit Fernsicht bis Triglav und Ortler.

Hinweis Abstiegsmöglichkeit auch an der unbewirtschafteten Kl.-Philipp-Reuter-H., 2694 m, vorbei ins wilde Umbaltal (weiterer Stützpunkt: Clara-H., 2035 m) und nach Hinterbichl, 1331 m, im Virgental (Gipfel – Hinterbichl 6–7 Std.).

Führer Peterka/End: AVF Venediger-Gruppe, Rother, München. – H. Peterka: Kl. Führer durch die Glockner-, Granatspitz- und Venediger-Gruppe, Rother, München.

Karten ÖK 151, Krimml, 1:50000. – AV 36, Venediger-Gruppe, 1:25000 (nur für den Gipfelaufstieg). – FB-WK 123, Defereggen- und Virgental, 1:50000.

Mit ihrem charakteristisch aufgeschwungenen, bis in 3500 Meter Höhe reichenden Firndach bildet die Dreiherrnspitze den höchsten Punkt der westlichen Venediger-Gruppe und einen beständigen Blickfang für das obere Ahrntal. Einst markierte dieser über drei Talschlüssen dominierende Berg die Nahtstelle dreier Herrschaftsgebiete (des Salzburger Erzbischofs, der Grafen von Tirol und derer von Görz). Heute laufen hier die politischen Grenzen der österreichischen Bundesländer Salzburg, Tirol (Osttirol) und des zu Italien gehörenden Südtirol zusammen. Gottlob sind die Zeiten, da diese Grenzen die Länder mehr trennten denn verbanden, überwunden, und an der von drei mächtigen Gletschern umlagerten Dreiherrnspitze ist wesentlich interessanter die Tatsache, daß sie im Einzugsbereich von drei Alpenvereins-Hütten steht. Nur um den 10 Kilometer entfernten Großvenediger ist das Hütten- und Routennetz noch dichter geknüpft.

Nordseitig, wo die Dreiherrnspitze mit schroffer Felsmauer nahezu lotrecht aus dem Spaltenchaos des Kimmlerkeeses auftaucht, sind alle Wege schwierig. Von Westen, von der neubewirtschafteten Birnlücken-Hütte, sieht die Sache schon anders aus. Dort fließt der Gipfelfirn in schönem Bogen gegen das Lahnerkees hinab und ermöglicht einen bei guten Gletscherverhältnissen relativ einfachen Aufstieg, vorausgesetzt natürlich, man ist den kurzen, aber immerhin bis 45 Grad geneigten Steilaufschwüngen kurz unterm Firndach gewachsen.

Am leichtesten sind die Routen von Süden und Osten, also vom Umbalkees, über dessen weiten Gletscherflächen die Dreiherrnspitze mit ihrer hoch aufgerichteten, schaufelförmigen Gestalt die alles beherrschende Erhebung darstellt. Die Schlüsselpassage bildet hier der kaum 30 Grad steile Südwestrücken, der als Fels-

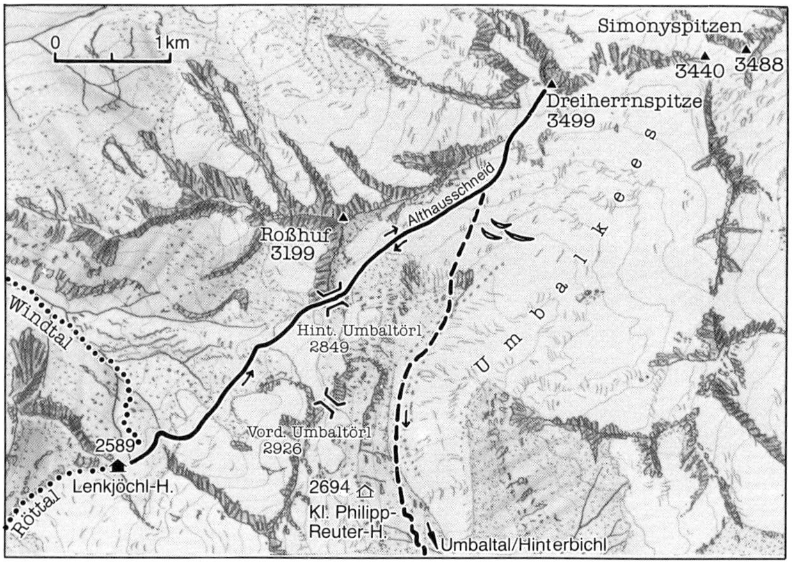

Der Blick von Süden, vom Aufstieg zur Rötspitze, zeigt die entscheidenden Abschnitte der Route von der Lenkjöchl-Hütte zur Dreiherrnspitze (im kleinen Bild der verschneite Gipfel). Rechts fließt das Umbalkees in Richtung Virgental ab, links trennt der Grenzkamm Süd- und Osttirol. Im Hintergrund ist die Felspyramide der Schlieferspitze zu erkennen.

Die Lenkjöchl-Hütte, italienisch Rifugio Giogo Lungo genannt, hat durch den Südtirol-Tourismus und die Wiedereröffnung auch der grenznahen Hütten an Bedeutung als Tourenstützpunkt enorm gewonnen.

und Schneekamm vom unteren Rand des schrägen Firndaches gegen das Umbalkees abstreicht.
Einem kurzen Gipfelanstieg steht allerdings ein langer Anmarsch gegenüber: von der Essener-Rostocker-Hütte über das Reggentörl oder von der Lenkjöchl-Hütte übers Umbaltörl. Da im Falle der Essener-Rostocker-Hütte das gesamte, von Spalten zerrissene Firnbecken des Umbalkeeses zu queren ist, wird die Dreiherrnspitze in letzter Zeit mehr und mehr von der Lenkjöchl-Hütte aus angegangen. Die ist seit der Beruhigung an den Grenzen wieder voll bewirtschaftet und aus dem oberen Ahrntal (Kasern) schnell zu erreichen, wobei sich von den beiden Hüttenwegen ab Kasern der durchs Röttal, das genau auf die elegante Rötspitze zielt, für den Hin- und der durch das Windtal für den Rückweg empfiehlt.
Aus dem Lenkjöchl steigt man am nächsten Morgen unter dem Rötkees nordwärts zu der Endmoräne des kleinen Virglkeeses und über dessen toten Gletscherarm (Vorsicht, Spalten!) hinweg zum Osthang des Ahrnerkopfes, der ohne große Mühe zum Hinteren Umbaltörl gequert wird. Nach 2 Stunden tut sich hier erstmals ein Blick auf die Ostseite des Umbalkamms auf, in die weiße Weite des gleichnamigen Gletschers, zu den dunklen Felspyramiden der Malhamspitzen und natürlich zu der trotz all ihrer Wucht schön aufgewölbten Dreiherrnspitze.
Jenseits des Törleinschnitts quert man waagrecht die ausapernden Reste des Althauskeeses und erreicht schließlich den Fuß des erwähnten Südwestrückens. Hinter dessen markantem Felsvorsprung folgt links ein kurzer Firnanstieg zu einem höher gelegenen Felskamm, wobei natürlich die Versuchung groß ist, über den immer steiler werdenden Schneehang direkt das Gipfeldach anzusteuern. Meistens gibt's dann jedoch unter dem großen Wächtenrand kein Weiterkommen mehr, während die genannten Felsen ohne Schwierigkeiten zur Höhe 3355 emporführen, wo auch die Route von der Birnlücken-Hütte einmündet. Hier beginnt ein herrlicher Gang über die breite, weithin sichtbare Firnterrasse des Gipfelrückens, geradewegs auf den zuckerhutförmig aufgebuckelten Gipfelpunkt zu. Der wird zuletzt am obersten Südwestgrat erstiegen, mit schaurig-schönen Tiefblicken in die düstere Nordwand hinab und ins Spaltenlabyrinth des Krimmler Keeses.
Das Panorama vom Großvenediger ist weiter, das von der Rötspitze schöner, dafür wirkt die Rundsicht von der Dreiherrnspitze aufgrund ihrer topographischen Schlüsselstellung interessanter: Drei gletscherschwere Hochgebirgskämme laufen von hier strahlenförmig auseinander, und dazwischen sind die grünen Linien des Krimmler Achentals und des Ahrntals fast in ihrer gesamten Länge einzusehen.

28 Schneebige Nock

Felspyramide überm Rieserferner

Italien
Rieserferner-Gruppe
3357 m
F

Talorte AP/EP Rein, 1595 m, im gleichnamigen Seitental des Tauferer Tals, Straße/Bus von Sand i. T. – EP auch Antholz-Mittertal, 1241 m, im Antholzer Tal, Straße/Bus vom Pustertal und Defereggental.

Stützpunkte Hochgall-H. (ehem. Kasseler H.), 2276 m, CAI, unter dem Tristennöckl, 2.15 Std. von Rein. – Rieserferner-H. (auch: H.-Forcher-Mayr-H.), 2800 m, AVS, neu, voll bew. am Gemsbichljoch zwischen Rein- und Antholzer Tal; 4 Std. von Rein durch das Gelltal, 4.30 Std. von Antholz-Mittertal über die Berger-A.

Aufstieg NO-Grat – N-Grat.

Abstieg SO-Grat – Fernerköpfl, 3249 m – Rieserferner-H.

Talabstieg Nach Rein oder Antholz.

Zeiten Aufstieg 4 Std.; Abstieg zur Rieserferner-H. 2 Std., Talabstieg nach Rein oder Antholz-Mittertal 2–2.30 Std.

Charakter Großartige Überschreitung, die trotz der großen Gletscherflächen diese selbst meidet und über scharfe Grate führt. – Der NO-Grat weist mehrere Kletterstellen im II. und III. Schwierigkeitsgrad auf, die aber unschwierig (I) umgangen werden können; SO-Grat im Gipfelbereich kurz, aber brüchig (II), oft verwächtet.

Hinweis Die etwas leichtere Normalroute führt von der Hochgall-H. über den N-Grat (Gletscherberührung, oft vereister Firnhang).

Führer W. Beikirchner: AVF Rieserferner-Gruppe, Rother, München.

Karten FB-WK S 3, Pustertal – Bruneck – Drei Zinnen, 1:50000. – ÖK 177, St. Jakob in Defereggen, 1:50000 (nur für den Gipfelbereich).

Bildet die Rieserferner-Gruppe mit dem wuchtigen Hochgall und dessen verwegenem Nachbar Wildgall schon einen Seitenarm des Alpenhauptkamms, so ist der Schneebige Nock – auch Ruthner Horn genannt – wieder ein Vorwerk dieser beiden Hauptgipfel der Gruppe. Der Schneebige Nock lockte im Frühjahr schon immer Skitourengeher an; im Sommer aber fanden lange Jahre nur wenige Bergsteiger den Weg zum Gipfel, der die beste Aussichtsloge ist, um Hoch- und Wildgall zu bewundern.

Mittlerweile ist die Rieserferner-Gruppe als eine noch völlig unversehrte Alpenlandschaft breiteren Bergsteigerkreisen bekannt. Sie wissen nun, welche Eis- und Urgesteinsgipfel sich da zwischen Zillertaler und Dolomiten hineindrängen. Außerdem hat es sich herumgesprochen, daß der Alpenverein Südtirol vor wenigen Jahren am Gemsbichljoch – dem Standort der zerstörten Fürther Hütte – ein neues Schutzhaus errichtete und damit einen idealen Ausgangspunkt für – aus Bequemlichkeit fast vergessene – Anstiege auf eine Reihe schöner Dreitausender schuf. Der Schneebige Nock steht seitdem wieder zwischen zwei Hütten – da ist eine Überschreitung geradezu Pflichtaufgabe!

Wer einen Blick auf die Landkarte wirft – ein wirklich empfehlenswertes Blatt gibt es seit Jahren nicht! –, erfaßt die Situation sofort: Da breitet sich westlich des Hochgall der weitläufige Rieser Ferner aus, den im Westen ein vom Gipfel des Schneebigen Nock schnurgerade nach Nordosten ziehender Felsgrat durchschneidet, so die Hauptfläche des Tristenkeeses vom Schneebigen-Nock-Kees trennend. Die Linie dieses Nordostgrats

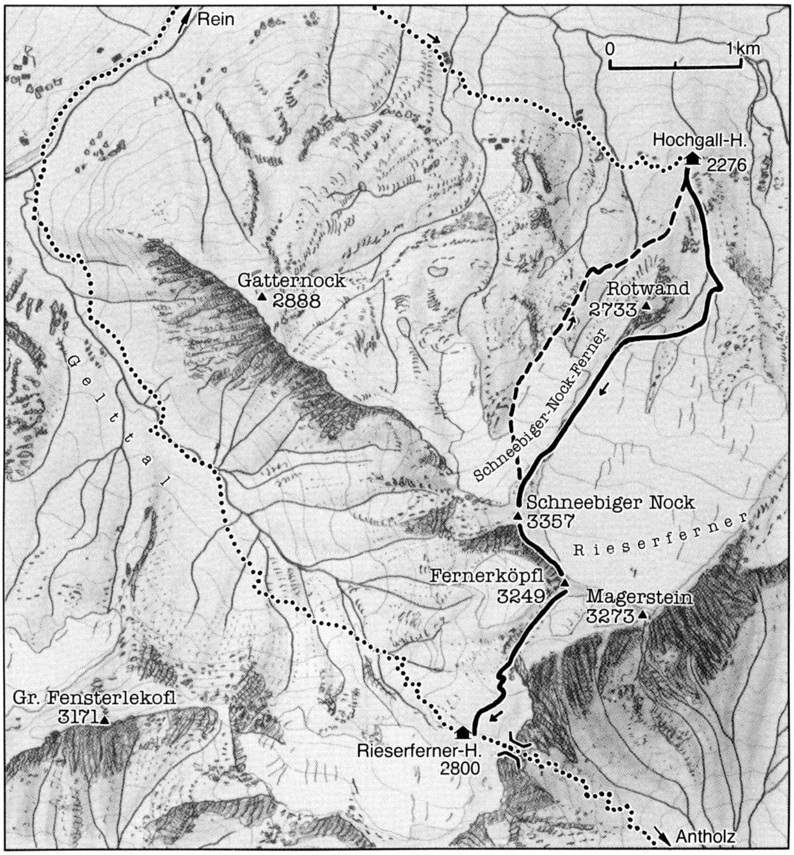

setzt sich, nach Süden verschoben und am Fernerköpfl beginnend, fort und zieht zum Gemsbichljoch hinunter. So ergibt sich die schönste Route für die Überschreitung wie von selbst.
Den Aufstieg über den Nordostgrat wählte vor mehr als 100 Jahren vermutlich schon Paul Grohmann, als ihm die zweite »touristische Besteigung« des Schneebigen Nock gelang. Kenner ziehen diese nicht markierte, aber ohne Probleme zu findende Route dem Normalweg vor, der über den etwas leichteren Nordgrat zum Gipfel gelangt.
Man steigt also am Morgen von der gemütlichen Hochgall-Hütte auf dem zur Antholzer Scharte führenden Weg links am Tristennöckl vorbei, biegt jedoch bald rechts ab, um sich unter den Gletscherzungen des Tristenferners vorbei und über die Schmelzwasser hinweg zur markanten Randmoräne zu schwindeln. Ihr First dient als »Zubringer« zum eigentlichen Nordostgrat, dessen Rücken man vom Ende der Moräne über einen kurzen, von Felsbändern durchzogenen Hang erreicht.
Mit zunehmender Grathöhe steigern sich nun bis zum Gipfel hin Spannung und Schwierigkeiten. Zunächst kann man beim Bummel am harmlosen Felsrücken die neuen Einblicke in das Kar mit den Malerseen genießen. Ein erster – rechts zu umgehender – Gratzacken lenkt die Aufmerksamkeit auf den Weg, bald darauf zwingt ein Grataufschwung zu einem erneuten Ausweichmanöver (direkt erklettert gibt's hier eine Stelle im unteren III. Schwierigkeitsgrad). Wo sich der Fels- in einen Firngrat verwandelt, ist eine kurze Pause fällig, um den Pickel vom Rucksack zu nehmen und die Steigeisen anzuschnallen.
Der Firngrat zum Vorgipfel hinauf ist nicht lang, aber doch so steil, daß nur erfahrene Eisgeher ungesichert aufsteigen sollten. Ab dem Vorgipfel dürfen sich die Nerven für Augenblicke

Der Wechsel von Fels und Firn gehört zu den Reizen der Überschreitung des Schneebigen Nock. Die Passage vom Gipfel über die großen Schichtplatten des Südostgrats hinunter erleichtern – auf dem Bild deutlich sichtbare – Drahtseile.

wieder erholen, dann geht es über Fels und kurze Firnstrecken hinüber zum Gipfel. Bei allen Firnstrecken achte man auf die Wächten!
Am Gipfel schaut man ins Reintal und Antholzer Tal hinunter, studiert das System der Hochgall-Gruppe und nicht zuletzt den folgenden Abstiegsweg. Der führt zunächst etwas unangenehm über die großen Schichtplatten des Südostgrats hinab – an der ausgesetztesten Stelle bieten Drahtseile Halt – zu einem längeren Firngrat, dem wieder Felsen folgen, die ebenfalls gesichert sind; über sie gelangt man zum Fernerköpfl, wo man die große Rieserferner-Eisszenerie verläßt. Denn hier schwenkt man scharf nach rechts ab und steigt auf dem alten Alpenvereins-Steig zur Gelltalspitze hinüber und von ihr aus über steiles, mächtiges Blockwerk hinunter zum Steinbau am Gemsbichljoch.
Die Attraktion auf diesem letzten Stück ist der Blick links hinüber auf den Magerstein-Südgrat, der weit ins Antholzer Tal hinabzieht. Von der Rieserferner-Hütte steigen Autofahrer durch das Gelltal direkt zu ihrem Wagen im Reintal ab; wer mit öffentlichen Verkehrsmitteln reist und nicht unter Zeitdruck steht, darf nach einer Übernachtung am Gemsbichljoch anderntags den langen und stillen Weg durchs Wielental ins Pustertal hinausbummeln.

Die eisig-kalte Nordostschulter und der Gipfel des Schneebigen Nock vom Rand des Rieserferners gesehen. Die überwächtete Firnschneide, die von rechts ins Bild zieht, bildet den Nordgrat, dem die Normalroute von der Hochgall-Hütte folgt. Den Nordostgrat formt unten der breite Felsrücken, weiter oben dann das glänzende Firndach des Schneebiger-Nock-Keeses. Links unter dem Gipfel im Profil – und in wirklichkeitsgetreuer Neigung – der felsige Südostgrat (vgl. kleines Bild).

29 Tofana di Rozes

Die Via ferrata Giovanni Lipella

Italien
Dolomiten
3225 m
Kst

Talort Cortina d'Ampezzo, 1225 m.

Stützpunkte Rif. Angelo Dibona, 2050 m, priv., am S-Sockel der Tofana di Mezzo, Straße von Cortina oder 0.30 Std. Abstieg von der Seilbahn zum Rif. Pomedes. – Rif. Giussani, 2561 m, CAI, in der Force. di Fontana Negra, 1.30 Std. vom Rif. Dibona.

Aufstieg Durch den Castelletto-Stollen zum Beginn des Klettersteigs Via ferrata Giovanni Lipella, dann durch die Westwand und über den obersten NW-Grat.

Abstieg Normalweg durch die N-Flanke zur Tofana-H.

Talabstieg Zum Rif. Dibona.

Zeiten Aufstieg 4 Std.; Abstieg 1–1.30 Std., Talabstieg bis Rif. Dibona 0.45 Std.

Charakter Mittelschwerer Klettersteig, überwindet große Höhendifferenz. Ausdauer, Trittsicherheit und Schwindelfreiheit erforderl.

Hinweis Auf dem Weg zum Einstieg 800 m langer Alpini-Stollen; unbedingt Taschenlampe mitnehmen! – An der Weggabelung in halber Höhe der Tour Ausstiegsmöglichkeit in Richtung Rif. Giussani. – Vorsicht bei Vereisung!

Führer Höfler/Werner: Klettersteigführer Dolomiten, Rother, München. – E. Höhne: Kl. Führer durch die Ampezzaner Dolomiten, Rother, München.

Karten Geografica, Carta Turistica/ WK 1, Cortina d'Ampezzo, 1:25000. – TCI D 54, Cortina d'Ampezzo e le Dolomiti cadorine, 1:50000. – Tabacco-WK 1 oder 2, 1:50000. – FB-WK S 10, Sextener Dolomiten – Ampezzo – Marmarole, 1:50000.

Die Schauseite der Tofana di Rozes ist die Südwand mit mächtigen Pfeilern und dem charakteristischen »Amphitheater« im oberen Wandteil. Von Norden her – es muß gestanden sein – ist diese Tofana di Rozes ein besserer Schutthaufen. Von dort, von der Giussani-Hütte in der Scharte zwischen Tofana di Rozes und Tofana di Mezzo, gelangen auch trittsichere Bergwanderer auf dem Normalweg zum hohen Gipfel. Freunde von Eisenwegen zieht es ebenfalls zur Tofana di Rozes. Die Via ferrata Giovanni Lipella zählt nämlich zu den interessantesten Klettersteigen der Dolomiten, da sie mit einem ungewöhnlichen Auftakt überrascht, bei der Routenführung geschickt die Felsstruktur nützt und mehr oder weniger einer logischen Linie folgt.

Vom beliebten Rifugio Dibona bummelt man 1 Stunde unter der ganzen Südwand hindurch, bis rechts Leitern in eine Felsnische hinaufführen; dort beginnt ein 500 Meter langer Stollen aus dem Ersten Weltkrieg, durch den man auf die Nordwestseite des Berges und in eine völlig andere Umgebung gelangt. Leicht absteigend geht es dann auf einem breiten Schuttband zum mit einer Tafel markierten, eigentlichen Einstieg in den Klettersteig. Vorbildlich mit Stiften und Drahtseilen gesichert, zieht er über Stufen, Bänder, Wändchen und Kamine schräg nach links durch die große Wand hinauf bis zu einem Schuttband ganz nahe am Nordgrat.

Dort muß man sich bei einem Hinweispfeil entscheiden: 1. für den direkten Abstieg am markierten Normalweg (bei schlechtem Wetter oder Konditionsmangel); 2. für die Querung ostwärts zum Normalweg, auf dem man ohne Belastung der Arme in weiteren $1^1/_2$ Stunden zum Gipfel kommt; oder 3. für den direkten Anstieg über den anspruchsvollsten Abschnitt des Klettersteigs, fast durchwegs an Drahtseilen, mitten durch das Felsentheater des obersten Wandteils zum Vorgipfel. Von dort führt der Schuttsteig des Normalwegs über die restlichen 200 Höhenmeter zum Gipfel.

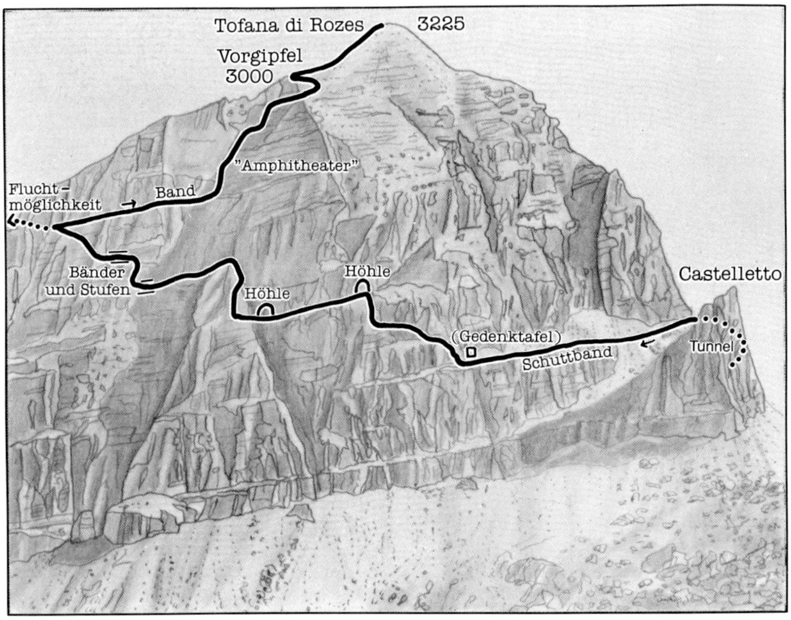

Die Tofana di Rozes von der Forcella Grande. Deutlich ist das vom Castelletto in die Wand ziehende Schuttfeld zu erkennen, von dessen Ende der Klettersteig schräg nach links emporführt, um durch den flachen Kessel unter dem Gipfelgrat wieder nach rechts zu queren.

31 Civetta

Über die Via ferrata degli Alleghesi

Italien
Dolomiten
3218 m
Kst

Der Faszination der Civetta, ihrem türmereichen Hauptkamm über der lotrechten, 1200 Meter hohen Nordwestwand, kann sich kein Bergsteiger entziehen. Die alpinen Chronisten haben sich darauf geeinigt, daß vermutlich im Jahr 1855 der Jäger Simeone di Silvestro als erster den Gipfel erreichte (auf der Route des Tivàn-Wegs); er war auch bei der »offiziellen« Erstbegehung zwölf Jahre später dabei, als er den englischen Alpenpionier Francis Fox Tuckett und dessen Begleiter auf den Gipfel führte (man unterschied damals noch zwischen Besteigungen durch »Herren« und durch Menschen ...). 1905 stand die erste Coldai-Hütte am Sockel des Bergs, 1925 eröffneten Emil Solleder und Gustav Lettenbauer bei der Erstdurchsteigung der Nordwestwand das Zeitalter des VI. Grades in den Dolomiten, 1938 zog mit der Via ferrata Tissi einer der ersten Klettersteige zum Gipfel, 1967 verewigte sich Reinhold Messner in der Nordwestwand mit einer direkten Route.

Statt einem Schutzhaus umlagern heute drei Hütten den Berg, statt einer eisenbeschlagenen Route führen drei in die Höhe: Drahtseile sichern am Tivàn-Weg die heikelsten Stellen ab, und aus einem spärlich gesicherten Abstiegsweg der Extremkletterer entstand 1967 die Via ferrata degli Alleghesi.

Beliebt ist die Überschreitung des Berges über Alleghesi- und Tissi-Route. Wer »nur« die Hälfte dieser Tour absolviert und am Tivàn-Weg absteigt, wird nichts vermissen, wenn er an der Coldai-Hütte den Rucksack abnimmt und mit Glück und Stolz in den Augen noch einmal zurückblickt.

Von der Coldai-Hütte geht es durch den Felsgraben des Val Ziolere, dann entschwindet man in die mächtigen Wildkare, aus denen die Wände und Pfeiler der Civetta-Ostflanke zum Gipfelkamm wachsen. Unter Torre Coldai, Torre di Alleghe und Torre di Valgrande vorbei zieht der Schuttsteig

Talorte Alleghe, 980 m, im Agordino. – Pecol, 1382 m, im Zoldo Alto; AP/EP Casera di Pioda, 1892 m (Straße von Pecol).

Stützpunkte Coldai-H. (Rif. A. Sonio al Coldai), 2132 m, CAI, 3 Std. von Alleghe, 0.45 Std. von der Casera di Pioda. – Rif. Torrani, 2984 m, CAI, Notunterkunft südöstl. unter der Civetta, 4 Std. von der Coldai-H.

Aufstieg Via ferrata degli Alleghesi (O-Flanke und oberster N-Grat), I–II.

Abstieg Über den Normalweg durch die O-Flanke (Tivàn-Weg) zurück zur Coldai-H.

Talabstieg Nach Alleghe oder zur Casera di Pioda.

Zeiten Aufstieg 4–4.30 Std.; Abstieg 2.30–3 Std., Talabstieg 1.45 Std. nach Alleghe bzw. 0.30 Std. zur Casera di Pioda.

Charakter Aufstieg sehr ausgesetzter und anspruchsvoller Klettersteig, der Schwindelfreiheit, Klettererfahrung und gute Kondition erfordert. – Abstieg über Tivàn-Weg gut ges. und mark.

Hinweise Pickel empfehlenswert, da besonders im Frühsommer häufig harte Firnfelder zu queren sind. – Civetta-Rundwanderung siehe »Hüttenwandern 1«, Tour 30.

Führer A. Kubin: AVF Dolomiten – Civetta-Gruppe, oder F. Hauleitner: Führer durch die Zoldiner und Belluneser Dolomiten, beide Rother, München.

Karten Geografica, Carta Turistica/ WK 3, M. Pelmo – M. Civetta, 1:25000. – Tabacco-WK 2 oder 4, 1:50000. – FB-WK S 5, Cortina d'Ampezzo – Marmolada – St. Ulrich/Ortisei, 1:50000.

zum Felskamm des Schenal del Bec, einem Ausläufer der Punta Civetta. Genau dort hinauf zieht die Via ferrata degli Alleghesi: Eisenklammern, Stifte und Drahtseil leiten kühn über den steilen Fels empor, mehrere Passagen sind in freier Kletterei zu überwinden. Das ist dann zwar »leichter« Fels, oft aber in der Ausgesetztheit des »schweren« Felses – zweifellos die Hauptattraktion dieser Route. Links unter der Punta Civetta hindurch quert die Route zum Nordgrat, wo jedem Begeher des Klettersteigs der Atem stockt, denn jenseits stürzt der Blick tief hinunter ins Val Civetta. Über einen Grataufschwung erreicht man die Punta Tissi, dann leiten die Markierungen und Sicherungen südlich unter und am Gipfelgrat entlang zum höchsten Punkt in 3218 Meter Höhe.

Im Vergleich mit der Aufstiegsroute ist der Abstieg am Tivàn-Weg ein Spaziergang – der jedoch mit zunehmend schweren Beinen und nachlassender Konzentration nicht zu unterschätzen ist. Immerhin kann man sich an der kleinen Torrani-Hüte noch einmal stärken, bevor man über große Plattenschüsse, deren exponierte Stellen gut gesichert sind, wieder an den Fuß der Ostwand gelangt – und aufatmet. Was folgt, ist ein entspannter Bummel durch die Hochkare zurück zur Coldai-Hütte.

Die Riesenpfeiler und -treppen der Civetta-Ostwand. Die Via ferrata degli Alleghesi gelangt über den links der Bildmitte ansetzenden Pfeiler zum Gipfelgrat und über ihn zum höchsten Punkt.

Als anspruchsvolle Variante zum Normalaufstieg zur Torrani-Hütte bietet sich auch die Via ferrata Tissi durch die trichterförmige Südostwand an; im Bild eine gesicherte Stelle im oberen Abschnitt.

32 Monte Pelmo

Riesenklotz über dem Boite-Tal

Italien
Dolomiten
3168 m
F

Talorte AP Zoppe di Cadore, 1460 m, im Tal des Rio Torto, Straße/Bus von Forno di Zoldo bzw. Longarone. – EP Forc. Staulanza, 1766 m, Paßstraße und Hütte westl. des Monte Pelmo, Bus von Pecol (Zoldo Alto).

Stützpunkte Rif. Venezia (auch Rif. A. de Luca), 1946 m, CAI, am O-Fuß des Monte Pelmo, 1.30 Std. von Zoppe di Cadore. – Rif. Città di Fiume, 1917 m, CAI, nordwestl. der Forc. Forada, 1.15 Std. von der Forc. Staulanza über die Alpe Palus.

Aufstieg Auf Normalweg über das Ballband durch die O-Wand, dann durch das weite Hochtal zum Gipfel (II).

Abstieg Wie Aufstieg.

Talabstieg Hängt davon ab, ob direkter Abstieg zum Auto notwendig ist; sonst vom Rif. Venezia auf den Sentiero Flaibani (teilw. ges.) zum Rif. Città di Fiume und zur Forc. Staulanza (Bushaltestelle).

Zeiten Aufstieg 5 Std.; Abstieg 3 Std., Talabstieg 3–4 Std.

Charakter Eindrucksvolle Tour mit einer kurzen, leichten Kletterpassage im II. Schwierigkeitsgrad; absolute Trittsicherheit, Klettergewandtheit und gute Kondition sind Voraussetzungen, auch für den Normalweg.

Hinweise Das Ballband ist zwar ausgesetzt, aber nicht schwierig; nur zwei Engstellen erfordern leichte Kletterei. Anfänger und im Fels weniger Geübte sollten diese Passagen mit Seilsicherung bewältigen. – Mit der S-Traverse über Le Mandre komplette Umrundung des Pelmo-Massivs (s. »Hüttenwandern 2«, Tour 38).

Führer R. Goedeke: AVF Dolomiten – Pelmo. – Hauleitner: Zoldiner und Belluneser Dolomiten, beide Rother, München.

Karten Geografica, Carta Touristica/WK 3, M. Pelmo – M. Civetta, 1:25000. – IGM 029, Cortina d'Ampezzo, 1:50000. – Tabacco-WK 1 und 2, 1:50000. – FB-WK S 5, Cortina d'Ampezzo – Marmolada – St. Ulrich/Ortisei, 1:50000. – Kompass 55, Cortina d'Ampezzo, 1:50000.

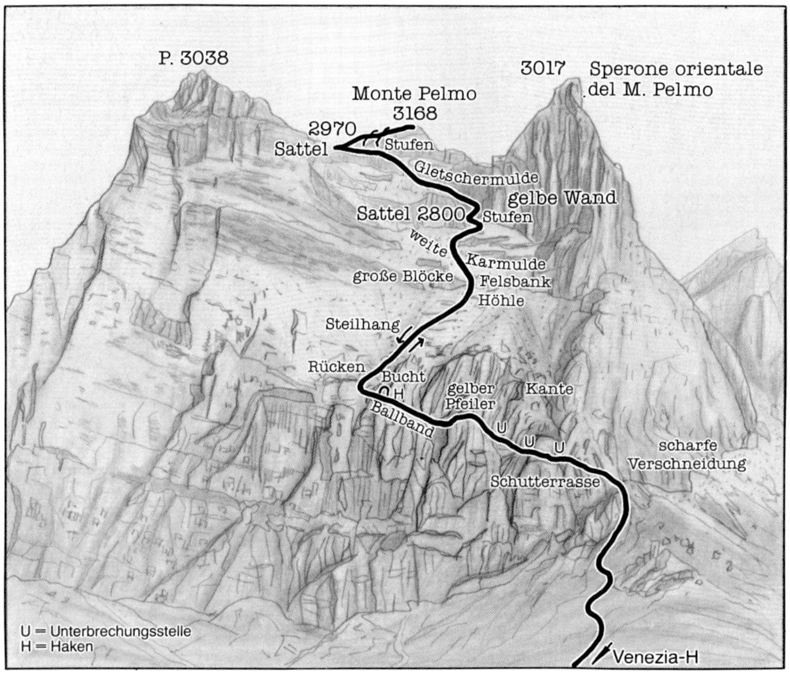

Der Monte Pelmo, ein auffallend vereinzelter, keiner Gruppe zuzuordnender Felsobelisk südlich von Cortina d'Ampezzo, war 1857 der erste Dolomitengipfel, den ein »Tourist« erstieg – der Botaniker John Ball aus Irland, nach dem die Schlüsselstelle des Pelmo-Anstiegs benannt ist. Er pflegte bei seinen Unternehmungen übrigens stets »Seil, Regenschirm, den Shakespeare und ein Klinometer (Neigungsmesser)« bei sich zu haben. Der Berg scheint auf den ersten Blick keine Schwachstelle zu haben, ganz im Gegenteil: Nordseitig türmen sich über einem kleinen Eisfeld riesige Wandfluchten auf, im Süden wird das zwischen den drei Pelmogipfeln eingebettete Hochkar von einer hohen Steilstufe abgeriegelt, und zu den übrigen Seiten versperren mächtige Felsschultern jeden leichten Zugang. Man muß, ob vor dem Berg stehend oder ein scharfes Foto betrachtend, schon genau hinschauen, um jenes berühmte Ballband zu entdecken, welches vom Fuß der Ostwand durch die steile Felsstufe bis zum Rande des Hochkars reicht.

Vom gut bewirtschafteten Rifugio Venezia ist der Weg zum nahen Einstieg nicht zu verfehlen; dort leiten dann vereinzelte Markierungen über die Felsstufen eines Schrofenvorbaus zum Beginn jenes Schichtbandes, auf dem sich der entscheidende Teil der Pelmo-Besteigung abspielt. Das zwischen einem $^1/_2$ und 1 Meter breite Gesimse durchläuft zwei große Felskessel, berührt einen sommers zum Rinnsal verkümmernden Wasserfall und wird an zwei Stellen von vorstehendem bzw. überhängendem Gestein stark deformiert. Die erste Stelle muß man in Bauchlage oder besser an guten Griffen, aber mit viel »Luft unter dem Hintern« außen herum kletternd bezwingen, über die zweite hilft ein fixes Seil hinweg.

Das Band endet im erwähnten Hochkar, wo ausgeprägte Steigspuren in Steilschutt zum winzigen Pelmoglet-

scher hinaufziehen, der sich an den Gipfelkamm anschmiegt. Von dessen drei Spitzen – das wird erst hier oben deutlich – ist die mittlere die höchste; man erreicht sie über einen breiten Vorbau großer Felsstufen und einen kurzen, harmlosen Schuttrücken. Ein dürftiges Signal markiert den höchsten Punkt und damit eine der großartigsten Aussichtskanzeln.

Der Monte Pelmo von Osten. Links oben die Schulter P. 3058, rechts der Ostgipfel, 3017 m, dazwischen, etwas im Hintergrund, der Hauptgipfel. Genau in der Bildmitte erreicht das von rechts kommende Ballband das riesige Kar.

33 Marmolada

Überschreitung Westgrat – Gletscherweg

Italien
Dolomiten
3344 m
Kst/E

Talort Canazei, 1440 m; AP Talstation der Ciampac-Seilbahn zwischen Alba und Penia im Avisiotal, an der Straße von Canazei zum Fedaiapaß. – EP Fedaia-Stausee, 2053 m, an der gleichnamigen Paßstraße (Gasthäuser).

Stützpunkte Contrin-Hs., 2016 m, priv., südwestl. unter dem Gran Vernel, 1.30 Std. vom AP durch das Val die Contrin. – Cap. Punta Penia, 3340 m, CAI, Notunterkunft am Hauptgipfel der Marmolada. – Rif. Pian dei Fiacconi, 2625 m, priv., und das benachbarte Rif. Ghiacciaio, 2722 m, neben der Bergstation des Sessellifts am N-Rand des Marmolada-Gletschers, 2 Std. vom Fedaia-Stausee.

Aufstieg Contrin-Hs. – Forcella di Marmolada – W-Grat (Klettersteig) – Punta Penia.

Abstieg Normalweg über den Gletscher zum Pian dei Fiacconi.

Talabstieg Auf Weg oder mit Sessellift zum Fedaiasee.

Zeiten Aufstieg 4 Std.; Abstieg 1.30–2 Std., Talabstieg 1 Std.

Charakter Abwechslungsreiche Überschreitung aus dem stillen Contrintal in den lauten Touristentrubel um und über dem Fedaia-Stausee; erfordert Erfahrung im Begehen von ausgesetzten, ges. Felspassagen wie auch von Gletschern.

Hinweise Klettersteig- und Eisausrüstung (Pickel, Steigeisen, Seil, Prusikschlingen) erforderl. – Nur bei sicherem Wetter einsteigen; vor allem bei drohendem Gewitter den W-Grat schnellstmöglich verlassen!

Führer H. Mariacher: AVF Dolomiten – Marmolada-Hauptkamm, Rother, München. – Hager/v. Lichem: Kl. Führer Marmolada, Fassaner Dolomiten, Rother, München. – Höfler, Werner: Klettersteigführer Dolomiten mit Brenta-Gruppe, Mendelkamm und Gardaseebergen, Rother, München.

Karten Geografica, Carta Turistica/WK 6, Marmolada – Gruppo di Sella/Sella-Gruppe, 1:25000. – Tabacco-WK 2, 1:50000. – FB-WK S 5, Cortina d'Ampezzo – Marmolada – St. Ulrich/Ortisei, 1:50000. – Kompass 55, Cortina d'Ampezzo, 1:50000.

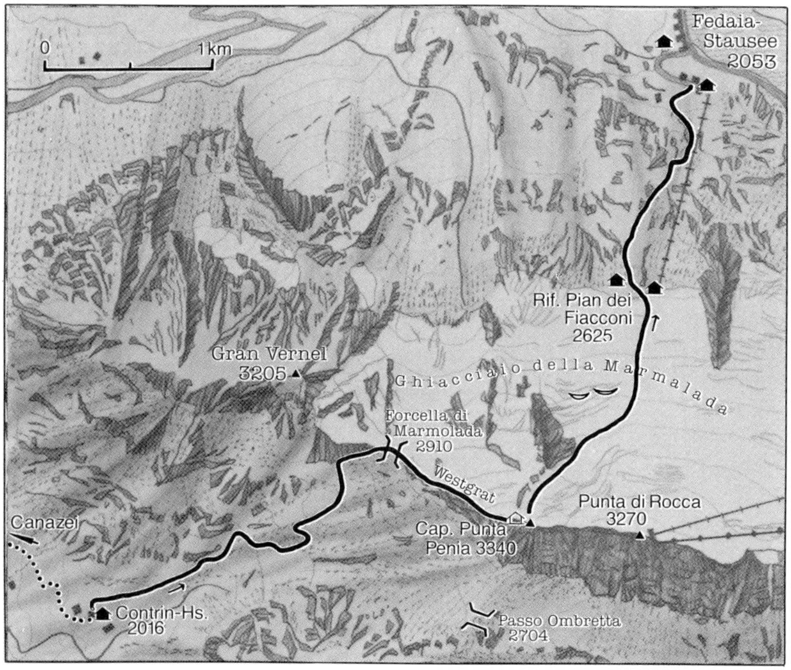

Am schönsten ist die Marmolada von Westen her: aus dem melancholischen Felskessel um den Antermojasee oder von der Rosengartenspitze. Man sieht den höchsten Dolomitenberg genau im Profil, rechts die senkrecht abfallende Mauer der Südwände, links sanft abfließend die Gletscherwellen der Nordflanke. Faszination einer Janusgestalt! Der Besuch dieser Aussichtspunkte sollte Pflichtprogramm für alle sein, die sich der Marmolada oder gar ihrem Gipfel nähern möchten.

Nicht weniger großartig, doch ganz anders ist der Eindruck vom grünen Padonkamm und dessen berühmtem Bindelweg: die Marmolada als dreigeteiltes Eisdach unter dem dunklen Felsenkranz der Gipfelzone. Von all dem ist wiederum auf der Südseite nichts zu ahnen, wo glatte Riesenwände in den Himmel schießen. Kein Wunder, daß sich die spekulative Fremdenverkehrsindustrie dieses allerschönsten Dolomitenbergs ganz und gar bemächtigt hat – ihn mit Bahnen und Skiliften überbaute und auch eine Durchgangspaßstraße von Ost nach West durchsetzen konnte. Immerhin sind somit »Volksfest«- und Ruhezonen klar voneinander abgegrenzt.

Bei einer Überschreitung des Bergs lassen sich – im doppelten Sinn – seine beiden Seiten kennenlernen. Neben den landschaftlichen Gegensätzen bietet diese Tour außerdem Abwechslung in den alpinen »Gangarten«: Man wandert, klettert über einen Eisenweg im Fels in die Höhe und steigt über den Gletscher wieder ins Tal ab.

Die Wanderung zur Hütte beginnt dort, wo auch gehfaule Bergfreunde ihre Autos parken: an der Talstation einer Seilbahn. Die Forststraße zum Contrin-Haus schlägt jedoch sofort eine andere Richtung ein und gelangt über die erste Steilstufe an den Eingang ins flache und breite Val di Contrin. An der bewirtschafteten Baita

Contrin vorbei führt die Straße durch eine großartige Blocklandschaft zu den sanften Wiesen der Malga Contrin. Durch lichten Wald steigt der Weg schließlich zum Contrin-Haus. Darüber versammeln die Wände von Gran Vernel, Marmolada und Cima Ombretta ihr felsiges Abschreckungspotential; winzig erscheint über Riesenschuttreißen der Einschnitt der Marmoladascharte, in der der Westgrat ansetzt.

Marmolada und Großer Vernel (rechts), vom Bindelweg betrachtet. Aus der tiefen Marmoladascharte ist der felsige – und gesicherte – Abschnitt des Westgratanstiegs zu erkennen. Auch die Route des Normalwegs ist im Vergleich mit der Skizze leicht zu verfolgen.

Im Profil zeigt die Marmolada – gesehen aus Richtung des Gran Vernel – ihre beiden grundverschiedenen Seiten: links der hier noch beachtlich steile Marmoladagletscher, rechts die von schwierigen Kletterrouten durchzogene kilometerbreite Südwand. Die trennende Barriere, der anfangs steile Westgrat, stellt mit seinem manchmal ausgesetzten Klettersteig von der Marmoladascharte zum Gipfelfirndach die reizvollste Aufstiegsroute für »Normalbergsteiger« dar.

Rund 2 Stunden ist man am nächsten Morgen (ein früher Start ist höchst empfehlenswert!) bis zur Scharte unterwegs, über Geröll, durch eine sich verschmälernde Rinne und die ersten Sicherungen. Die Spannung erreicht ihren ersten Höhepunkt, denn urplötzlich öffnet sich der Blick zum Gletscher und zu den Dolomitengipfeln im Norden; außerdem setzt hier der Klettersteig, mit einer fast senkrechten Felsstufe in die Höhe, an.

Die ersten Meter dieser bereits vor dem Ersten Weltkrieg installierten Steiganlage – Kavernen am Einstieg erinnern an diese schreckliche Zeit – stellen eine ideale Teststrecke für Nerven, Schwindelfreiheit und Kraft dar. Wer bereits hier weiche Knie und schwache Oberarme bekommt, sollte besser umkehren. Man bedenke, daß die Via ferrata in einer Höhe beginnt, die die meisten anderen Klettersteige gar nicht erreichen. Ein Wettersturz mit Gewitter und Vereisung bedeutet hier für jeden Wanderer und Klettersteig-Neuling höchste Lebensgefahr. Nach einem kurzen Flachstück führen die Sicherungen fast ohne Unterbrechung über Bänder, Platten und Risse in die Höhe. Steile Wandstellen folgen auf luftige Gratpassagen, dann legt sich der Grat etwas zurück, die Route weicht in Firn oder Eis aus, und bald darauf sind die kleine Gipfelhütte und die Firnkuppe des höchsten Punkts erreicht.

Die Orientierung bereitet beim Abstieg keine Probleme, ist doch die fast immer vorhandene Firntrasse so wenig zu übersehen wie die Sicherungen und Drahtseile beim Aufstieg. Über eine unschwierige Felswand wechselt man von der oberen Gletscheretage in die untere und läuft – trotz der Mammutseilschaften, die hier oft unterwegs sind, auf Spalten achtend! – zur Bergstation des Sessellifts am Pian dei Fiacconi hinunter. Je nach »Erosionsschäden« in den Kniegelenken bummelt man schließlich zu Fuß zum Fedaia-Stausee oder schwebt mit dem Korblift ins Tal.

Als Tages- und Rundtour ist diese Routenkombination übrigens möglich, wenn man bei Betriebsbeginn mit dem Lift zum Pian dei Fiacconi hinauffährt, auf dem Weg 606 nach Westen quert und über den unter der Nordwestflanke eingelagerten Gletscherrest zur Marmoladascharte aufsteigt.

34 Antelao

Der höchste Gipfel der Ampezzaner Dolomiten

Italien
Dolomiten
3264 m
F

Wer von Norden oder Westen über den Falzaregopaß in die breite Talsenke von Cortina d'Ampezzo einfährt, sieht im Antelao den wahrhaften Herrscher des Boitetals – trotz Pelmo, Tofanen und Sorapis. Die Geschlossenheit seines Aufbaus mit dem zugleich verwegenen und doch harmonischen Aufschwung seines riesigen, schmalen Nordgrats über der massigen Westflanke nehmen den Ästheten sofort für ihn ein. Häufig trägt sein elegantes Gipfeldach einen schimmernden Firnschild.
Der Antelao ist der höchste Berg der Östlichen Dolomiten. Da das Massiv weit nach Süden über dem Cadore aufragt, glaubt man es gerne, daß von seinem Gipfel aus die Adria zu sehen ist – als Streifen am Horizont, nicht das fürchterliche Gewuzel ihrer Millionen Badegäste.
Wenn man von San Vito aus über die San-Marco-Hütte und über die Forcella Piccola hinweg zur Galassi-Hütte aufsteigt, befindet man sich in einer der stilleren Regionen der Dolomiten; und wenn man am Abend von der Hütte aus die Architektur des Berges bestaunt und seine zerrissenen Gletscherlager nordöstlich unterm Gipfelstock entdeckt, dann ist das lärmvolle Cortina genauso viele Welten entfernt wie Jesolo.
Eine Anmerkung zu diesen beiden Hütten: Die San-Marco-Hütte ist urgemütlich, hat aber nur ein beschränktes Platzangebot. Die gleichfalls erstklassig bewirtschaftete Galassi-Hütte hat neben der größeren Aufnahmefähigkeit noch den Vorteil, daß die Tour von dort 1 Stunde kürzer ist.
Früh am Morgen – denn die Tour kann lang dauern – steigt man von der Hütte aus wieder die 100 Höhenmeter zur Forcella Piccola auf und biegt dort links ab in das riesige Gerölltal, das oben in einem prachtvollen Felsenzirkus abschließt. Aus diesem oberen Winkel, in dem lange in den Sommer hinein Firndecken liegen (die morgens peinlich hart sein können!),

Talort San Vito di Cadore, 1019 m, im Valle d'Ampezzo, Straße/Bus von Cortina.

Stützpunkte Rif. San Marco, 1823 m, CAI, südl. der Forc. Grande, 2.30 Std. von S. Vito. – Rif. Galassi, 2018 m, CAI, östl. der Forc. Piccola, 3.30 Std. von S. Vito über die Forc. Piccola. – Biv. Piero Cosi, 3111 m, Notunterkunft 0.30 Std. unter dem Antelaogipfel.

Aufstieg Rif. S. Marco – Forc. Piccola – (Rif. Galassi) – N-Grat – Laste-Bänder – Antelao.

Abstieg Wie Aufstieg.

Zeiten Aufstieg ab Rif. S. Marco 5 Std., vom Rif. Galassi 4 Std.; Abstieg jeweils 2–3 Std., Talabstieg 1.30–2 Std.

Charakter Abwechslungsreiche Tour für konditionsstarke und erfahrene Bergsteiger. – Längere Felspassagen erfordern absolute Trittsicherheit, Klettergewandtheit und Schwindelfreiheit; eine Stelle II.

Hinweis Pickel empfehlenswert, wenn – besonders im Frühsommer – auf den riesigen Plattenschüssen noch Schnee liegt.

Führer E. Höhne: Kl. Führer durch die Ampezzaner Dolomiten, Rother, München. – Hager/Hauleitner: Auswahlführer Dolomiten, Band Ost, Bruneck – Belluno, Rother, München.

Karten Geographica, Carta Turistica/ WK 4, M. Antelao – M. Rite – Cime di Bosconero, 1:25000. – IGM 029, Cortina d'Ampezzo, 1:50000. – Tabacco-WK 1, 1:50000. – FB-WK S 10, Sextener Dolomiten – Ampezzo – Marmarole, 1:50000. – Kompass 55, Cortina d'Ampezzo, 1:50000.

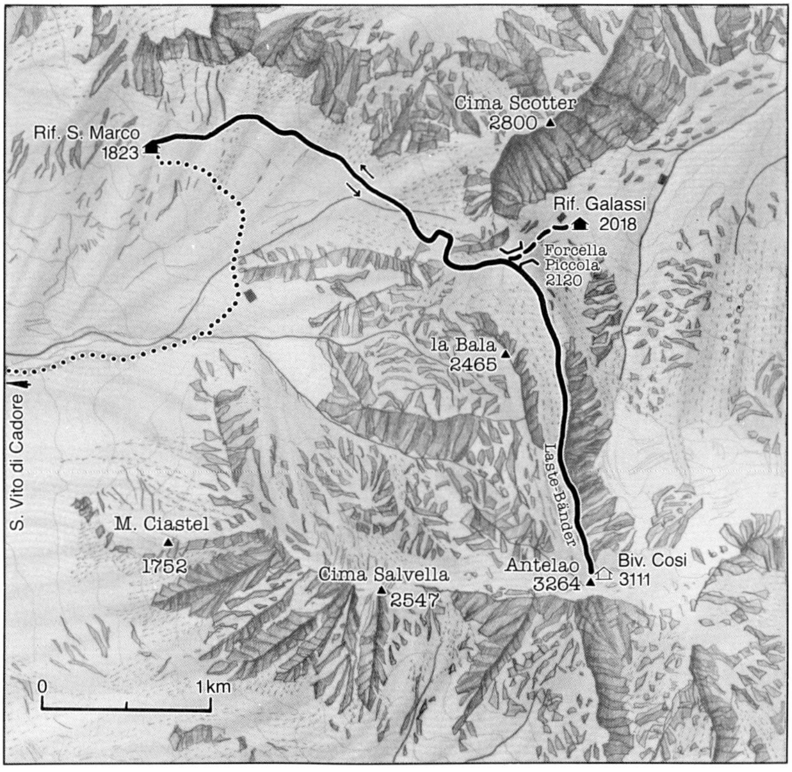

leiten die Markierungen nach rechts über Bänder und Stufen zum unteren Nordgrat hinauf. Mit dem letzten Schritt zum Grat taucht jenseits die Felsenburg des Monte Pelmo auf, von nun an bis zum Gipfel interessanter Nachbar. Dicht dahinter baut der Kamm der Civetta auf.

Am Grat zeigen Steinmänner und deutliche Spuren die Richtung an. Dort, wo sich die den Felsenzirkus umschließenden beiden Gratausläufer vereinigen, stößt der Weg auf zwei Felsnocken. Jetzt hält sich die Route auf dem immer noch breiten Gratrücken mehr links, um die Laste zu durchsteigen, jene ungeheuren Plattenschüsse, die schon vom Tal aus zu sehen waren und die, zwischen 2700 und 2900 Meter Höhe liegend, schnell einmal von einer dünnen Eisschicht überzogen sind. In diesem Falle hilft nur höchste Vorsicht, eventuell ein Eispickel pro Mann – oder Umkehr; je nach Wetterlage. Bei guten Verhältnissen ist die Passage dieser glatten Platten, von denen rechts wie links riesige Wände in die Tiefe stürzen, ein prickelnder Genuß.

Ein Felsaufbau wird rechts umgangen, dann steigt man dort, wo auf die Plattenlager zwei Abbrüche folgen, in der Mitte durch. 150 Meter unter dem Gipfel passiert man die Cosi-Biwakschachtel und steht kurz darauf in der Scharte vor dem Gipfelaufbau. Links findet man einen kurzen Kamin mit einer IIer-Kletterstelle, das letzte Hindernis vor dem Gipfel.

Der Antelao, zweithöchster Dolomitenberg, mit den charakteristischen Laste-Bändern links oben. Haltlos bricht die Nordwestseite des Bergs in das Cadore-Tal südlich von Cortina ab.

Nur die Haltung der Bergsteiger läßt die Steilheit der Laste-Bänder erahnen. Hinter Wolkenschleiern verbirgt sich die Forcella Piccola.

35 Monte Cristallo

Normalweg durch die Südostwand

Italien
Dolomiten
3221 m
F/E

Talorte Cortina d'Ampezzo, 1210 m; AP Tre-Croci-Paß, 1809 m, Straße/Bus von Cortina oder Toblach. – EP Schluderbach, 1437 m, an der Straße Cortina – Toblach.

Stützpunkte Hotels und Gasthöfe auf dem Tre-Croci-Paß und in Schluderbach.

Aufstieg Tre-Croci-Paß – Cristallopaß – Normalweg durch die Südostwand (II).

Abstieg Normalweg bis Cristallopaß – Cristallogletscher – Val Fonda – Schluderbach.

Zeiten Aufstieg 5 Std.; Abstieg 4.30–5 Std.

Charakter Lange Bergtour mit abwechslungsreicher, leichter Kletterei (II) auf einen wildzerklüfteten Felsgipfel. Bis zum Cristallopaß Markierungen; im Norden der Cristallogletscher mit manchmal schwierig zu überquerender Spalte; je nach Verhältnissen Eispickel angenehm bis unverzichtbar! – Am Einstiegsband Steinmänner, anschließend oft Steigspuren; Route streckenweise steinschlaggefährdet.

Führer J. u. A. Schmidt: AVF Cristallo-Gruppe und Pomagagnonzug. – E. Höhne: Kl. Führer Ampezzaner Dolomiten. – Hager/Hauleitner: Auswahlführer Dolomiten Ost, alle Rother, München.

Karten IGM 016, Dobbiaco, und 029, Cortina d'Ampezzo, 1:50000. – Geografica, Carta turistica/WK 2, Misurina – Tre Cime di Lavaredo/Drei Zinnen, 1:25000. – TCI D 54, Cortina d'Ampezzo e le Dolomiti Cadorine, 1:50000. – FB-WK S 10, Sextener Dolomiten – Ampezzo – Marmarole, 1:50000.

Bild Der Monte Cristallo vom Tre-Croci-Paß. Links der Mittelgipfel; in der Mitte der Hauptgipfel, dessen Normalweg, die Via Commune über die gewölbte Südostwand (von rechts her) den Gipfel erreicht. Rechts der Piz Popena.

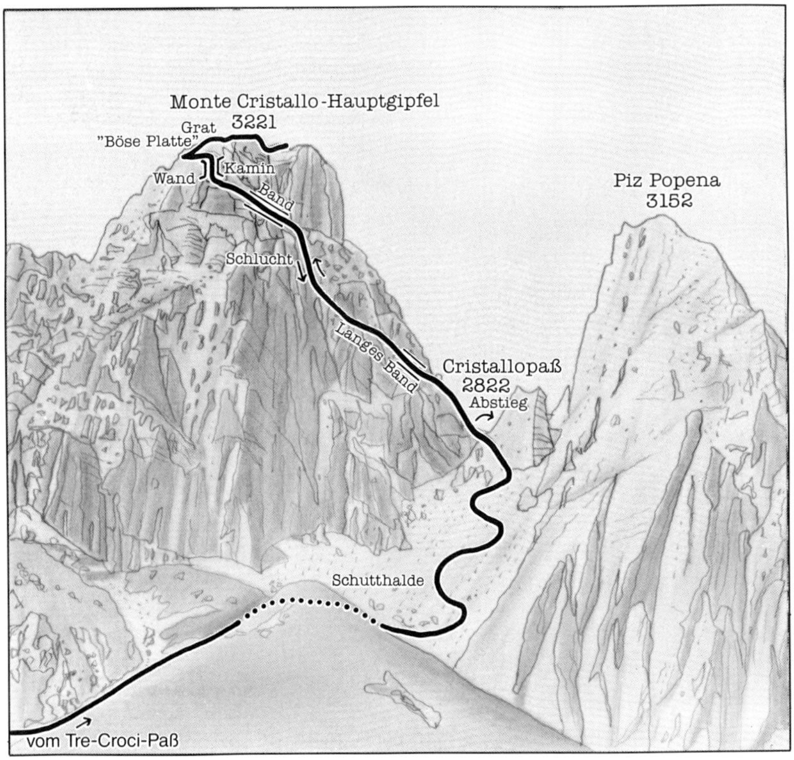

Niemand, der die »Alemagna«-Straße durchs Höhlensteintal ins Herz der Ampezzaner Dolomiten befährt, verpaßt kurz vor Schluderbach den Blick zu den Drei Zinnen. Danach aber stiehlt der Monte Cristallo mit seiner Nordflanke allen anderen Gipfeln die Schau: eine wilde Festung aus Fels, mit drei als eckigen Riesenquadern geformten Gipfeln, von Schneebändern durchzogen, auf steilen Eissokkeln ruhend.

Das alpine Geschehen spielt sich überwiegend in der westlichen Hälfte der Cristallo-Gruppe ab, wo drei Klettersteige großartige Landschaftserlebnisse versprechen, aber keiner zum Hauptgipfel führt. Den aber kann von Süden – auf einer klassischen Route – derjenige erklettern, der über Erfahrung im Fels, Trittsicherheit, Schwindelfreiheit und einen guten Orientierungssinn verfügt. Außerdem muß natürlich die Kondition »stimmen«.

Der Weg vom Tre-Croci-Paß zum Einstieg der Via commune ist mühsam: 1000 Höhenmeter geht es über ein Riesenschuttfeld zwischen Cristallo-Südgrat und der steilen Popena-Westwand zum überfirnten Cristallopaß hinauf. Vom schmalen Einschnitt zieht die Route in einer guten $^{1}/_{4}$ Stunde auf dem waagrechten Langen Band (ein herrlich aussichtsreicher Frühstücksplatz) mitten in die Südostwand hinein. Ein Steinmann markiert die Stelle, bei der man das Band nach rechts über eine unschwierige Schrofenwand verläßt – in Richtung auf eine auffallend rotgelbe Wand hoch oben. Im manchmal unübersichtlichen Gelände folgt man Steinmännern und Steigspuren, um über Schrofen und Bänder zum Südgrat zu klettern. Großartige Tiefblicke begleiten das restliche Stück am Grat entlang zum Gipfel; das letzte Hindernis – und die schwierigste Stelle der Tour (II) – ist die 3 Meter hohe »Böse Platte«, die sich brav an kleinen Griffen überlisten läßt.

36 Hochweißstein

Zwischen Piavequelle und Lesachtal

Italien/Österreich
Karnische Alpen
2693 m
LB

Talorte St. Lorenzen, 1128 m, im Lesachtal (Osttirol). – Bladen (ital. Sappada), 1217 m, im obersten Piavetal, Straße/Bus vom Pustertal über Sexten bzw. von Osttirol über den Plöckenpaß.

Stützpunkte Hochweißstein-H., 1868 m, ÖAV, im hint. Frohntal, 3 Std. von St. Lorenzen durch das Tal (Fahrmöglichkeit auf schlechter Straße bis zur Frohn-A., 1651 m; von dort Fußweg 0.30 Std.) – Rif. P. F. Calvi, 2164 m, südl. unter dem Bladner Joch, 3.30 Std. von Bladen durch das Piavetal (Fahrstraße bis 1 Std. unter die Hütte).

Aufstieg Über Hochalpljoch – NO-Rükken (I).

Abstieg Wie Aufstieg.

Zeiten Aufstieg 3 Std.; Abstieg 1.30–2 Std., Talabstieg 0.15 Std. zur Frohn-A. bzw. 1.30 Std. nach St. Lorenzen.

Charakter Bez. Steig auf einen der herausragenden Berge des Karnischen Hauptkamms. Wegen Ausgesetztheit Trittsicherheit und Schwindelfreiheit erforderl.

Hinweise Klettersteig-Liebhaber können auch vom Hochalpljoch zum nahen Rif. Calvi hinüberqueren und die Via Pietro Sartor durch die SO-Wand begehen (2 Std. ab Rif. Calvi); diese Tour läßt sich – auch ohne Klettersteig – mit einem Abstieg nach Bladen verbinden. – Auch den kleinen Nachbarberg im Osten, den Monte Chiadenis (S-Gipfel 2459 m), kann man auf einem ausgesetzten Klettersteig (1 Std. vom Rif. Calvi) »mitnehmen«. (Karnischer Höhenweg s. auch »Hüttenwandern 2«, Tour 40, und »Hüttenwandern 1«, Tour 41).

Führer P. Holl: AVF Karnischer Hauptkamm, Rother, München. – Heindl/Werner: Klettersteigführer Julische und Steiner Alpen mit Karawanken und Karnischem Hauptkamm, Rother, München.

Karten ÖK 196, Obertilliach, 1:50000. – FB-WK 182, Lienzer Dolomiten – Lesachtal, 1:50000, – FB 18, Lienzer Dolomiten – Schober-Gruppe, 1:100000.

Es ist nur die berühmte Nachbarschaft, die den Ruhm des Karnischen Hauptkamms zwischen Sexten und Villach und zwischen Kreuzberg- und Travispaß verdunkelt: Die Dolomiten samt ihrer gipfelreichen Dependance über Lienz, die Hohen Tauern, die Julischen Alpen – was will da ein Bergsteiger schon suchen in einem Gebiet, in dem die höchsten Gipfel kaum 2780 Meter (Hohe Warte) erreichen? Man kann in der Tat behaupten, daß der Karnische Hauptkamm aufs angenehmste übersehen wird; er dient somit seinen alten Ruhm im lokalen Bereich ab.

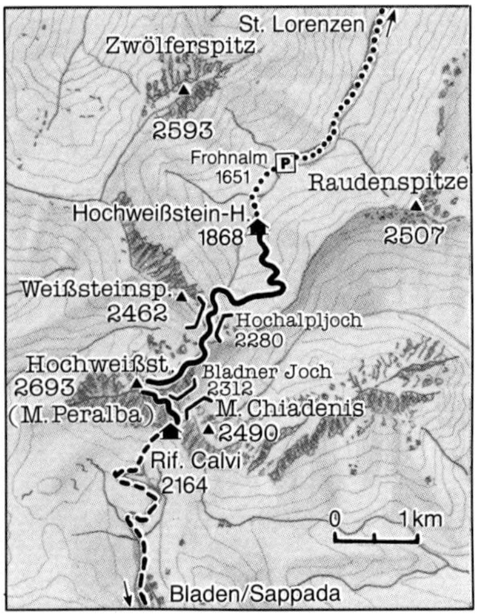

Wer von St. Lorenzen aufbricht, muß nicht unbedingt nach Norden in die Lienzer Dolomiten; er soll es mal im Süden versuchen, soll durch das einsame Frohntal hinauf zum Hochweißstein-Haus wandern und von dort auf den Grenzkamm: Dort oben, dicht über der Piavequelle, nur wenige hundert Meter jenseits der Grenze, steht der Monte Peralba, zu deutsch Hochweißstein genannt. Ein prachtvoller Berg, auch wenn er – ganz bescheiden – von Nordosten nur kleine Wände und große Terrassen sehen läßt; seine Schauseite ist die 600-Meter-Mauer, die er nach Süden ins Val di Sesi absenkt.

Im Ersten Weltkrieg gab er das Parkett für schreckliche Kämpfe ab, man spürt es heute noch an den verfallenen Kriegssteigen, Unterständen und Stellungen. Heute stürmen friedliche Eroberer den Berg von allen Seiten: Wanderer von Norden, Kletterer hauptsächlich von Osten oder Süden und Liebhaber von Klettersteigen von Südosten.

Vom Hochweißstein-Haus führt der markierte Steig über eine Felsstufe hinauf zum Hochalpljoch (Grenze!) und östlich durch die Wiesenmulde unter dem Hochalpl hindurch zum Ansatz des Nordostrückens des Monte Peralba. Über Rasen und Geröll steigt man auf den Kamm hinauf und über ihn in Richtung Gipfelgrat. Um die Kante herum geht es an alten Kriegsbaracken vorbei zu einem steilen, oft mit Schnee gefüllten Kamin (mit guten Griffen und Trittstufen), der auf die Grathöhe und bald zu Madonnenstatue, Gipfelkreuz und Vermessungszeichen leitet.

Die einstige strategische Bedeutung des Monte Peralba wird bei der außergewöhnlichen Aussicht leicht verständlich. Gleich drüben überm Lesachtal bauen sich wie auf einer Bühnenszene die Gipfel der Lienzer Dolomiten auf, mit den Hohen Tauern als Hintergrund. Westlich lassen sich die Sextener Dolomiten studieren, südwärts der Weg der jungen Piave hinaus zur Adria. Ostwärts sollte man die karnische Nachbarschaft anschauen, denn die Berge um Wolayersee, Wolayerkopf, Hohe Warte und Kellerwand versprechen weniger, als sie geben.

Nicht unerwähnt bleiben soll an dieser Stelle die Mitte der siebziger Jahre angelegte Via ferrate P. Sartor, die Freunden solcher Eisenwege sicher die anregendste Aufstiegsmöglichkeit bietet.

Der Hochweißstein und seine »Schwachstelle«, von Osten, vom Hochalpljoch gesehen. Der Normalweg führt über den Schrofenrücken von rechts her zum felsigen Gipfelgrat und zum höchsten Punkt.

37 Große Sandspitze

Leichte Kletterei am höchsten Berg der Lienzer Dolomiten

Österreich
Lienzer Dolomiten
2772 m
F

Talort AP/EP Amlach, 687 m, 2 km südl. von Lienz, oder Lienzer Dolomiten-H., 1620 m, Straße von Tristach bei Lienz.

Stützpunkt Karlsbader H., 2260 m, DAV, am Laserzsee, 5 Std. von Amlach über den Goggsteig, 2 Std. von der Dolomiten-H.

Aufstieg Über »Böses Schartl«, Daumenscharte und N-Grat (II).

Abstieg Wie Aufstieg.

Zeiten Aufstieg 2.15 Std.; Abstieg 1.30 Std., Talabstieg 1.15 Std. zur Dolomiten-H. bzw. 2–3 Std. bis Amlach.

Charakter Mäßig schwierige, aber stellenweise ausgesetzte Kletterei auf den höchsten Berg der Lienzer Dolomiten; Spürsinn für die beste Routenführung erforderl.

Führer Peterka/End: AVF Lienzer Dolomiten, oder W. Mair: Kl. Führer Berge um Lienz, beide Rother, München.

Karten ÖK 179, Lienz, 1:50000. – FB-WK 182, Lienzer Dolomiten – Lesachtal, 1:50000. – Kompass 47, Lienzer Dolomiten, 1:50000.

Die Große Sandspitze, der höchste Gipfel der Lienzer Dolomiten, überragt bei 2772 Meter Gipfelhöhe das Drautal um volle 2100 Meter. Sie steht genau im Zentrum des Dreiecks zwischen Drau-, Gail- und Lesachtal, das dieser 40 Kilometer lange und 15 Kilometer breite Gebirgsstock bildet. Und sie trennt die beiden schönsten Lienzer Hochtäler, den Laserzkessel, vom Lavanter Tal.

Der schwere, breitgebankte Felsklotz über dem Laserzsee hat nur eine schwache Stelle: die Nordflanke aus dem hohen Daumenschartl. Schon die zweiten Ersteiger des Gipfels, August Kolp und Ignaz Linder, haben 1886 diesen besten Anstiegsweg mit der alles entscheidenden ostseitigen Umgehung des Daumen entdeckt.

Das »Böse Schartl« zwischen Kleiner Galitzenspitze und Daumen ist von der Karlsbader Hütte über steilen Schutt rasch zu erreichen. Von ihr zur Daumenscharte sind es nur 35 Minuten, freilich nur, wenn man den Weg genau weiß: Vor dem Steilaufbau des Daumen steigt man zuerst links durch eine Schuttrinne ab, bis man in einer weiteren Rinne schräg links empor zu einer etwa 25 Meter hohen, geriffelten Platte kommt, die wegen ihrer Steilheit und klettertechnischen Schwierigkeit »Böse Platte« genannt wird. Über sie hinwegkletternd gelangt man auf einen Vorsprung, von dem aus durch eine plattige Rinne leicht das Daumenschartl zu erreichen ist.

Weiter zum Gipfel steigt man am besten auf dem Linderweg, also nach links in die Nordwand der Großen Sandspitze hinaus – über ein steiles, schräges Plattenband mit einer luftigen Unterbrechungsstelle –, bis eine vordrängende Platte erreicht ist, die zum Grat und weiter zum Gipfel leitet (wiederum etwa 35 Minuten ab Daumenschartl).

Ein großartige Felsszenerie umgibt die Karlsbader Hütte (unten) am Laserzsee (v. l. n. r.): Großer Laserzkopf, Galitzenspitzen, Daumen, Große und Kleine Sandspitze.

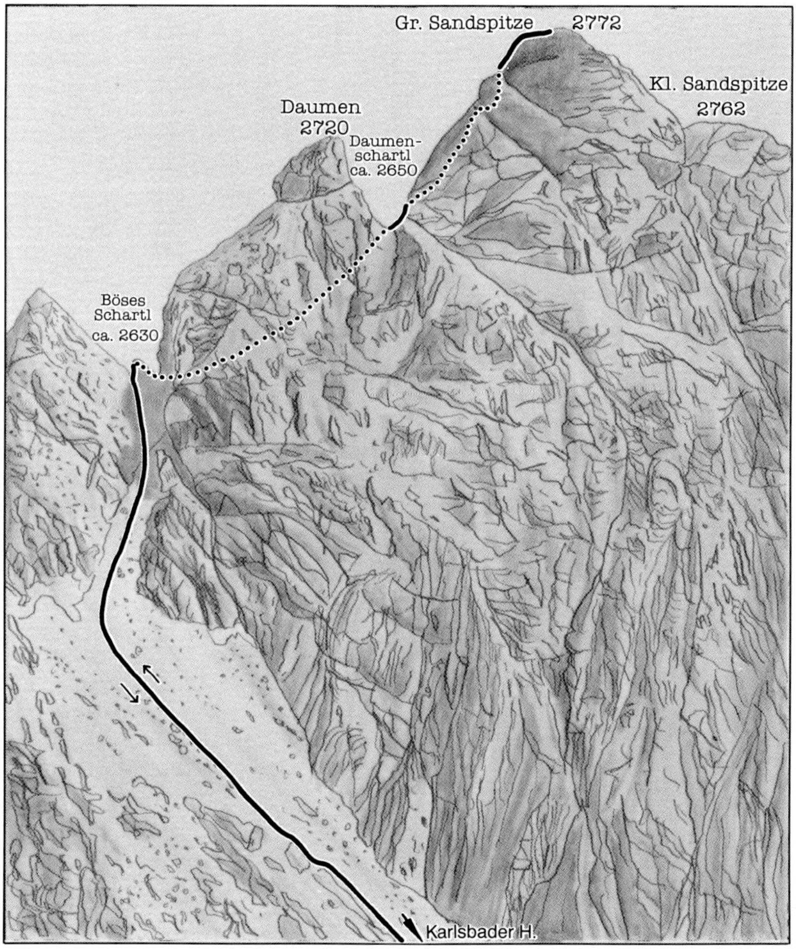

38 Hochschober

Eismauer im Felsreich der Schober-Gruppe

Österreich
Schober-Gruppe
3240 m
F/E

Talort AP St. Johann im Walde, 749 m, im Iseltal (an der Felbertauernstraße/Bus von Lienz). – EP Lienz, 680 m, Bahnstation.

Stützpunkte Hochschober-H., 2322 m, ÖAV, im obersten Leibnitztal, 4.30 Std. von St. Johann im Walde, 3 Std. von Oberleibnig (Gondelbahn ab St. Johann). – Lienzer H., 1977 m, ÖAV, im hint. Debanttal, 6 Std. von Lienz (Abstieg 4 Std.), 1 Std. ab Seichenbrunn (Straße von Iselsberg oberhalb Lienz).

Aufstieg Von der Hochschober-H. zur Staniskascharte und über den W-Grat (I).

Abstieg NO-Grat über Kleinschober, 3125 m, und Schobertörl, 2905 m (I+), zur Lienzer H.

Talabstieg Nach Seichenbrunn oder weiter bis Lienz.

Zeiten Aufstieg 3.30 Std.; Abstieg 2–3 Std., Talabstieg bis Seichenbrunn 0.40 Std., bis Lienz 3–4 Std.

Charakter W-Grat leichte Bergtour auf bez. Normalweg, am Gipfelaufschwung etwas steinschlaggefährdet; NO-Grat oft verwächtet, am Schobertörl steiler Schutt- oder Schneehang.

Führer W. Mair: AVF Schober-Gruppe, Rother, München.

Karten AV 41, Schober-Gruppe, 1:25000. – ÖK 179, Lienz, 1:50000. – FB-WK 181, Lienz – Heiligenblut – Matrei, 1:50000.

Die Zeiten, in denen die Schober-Gruppe ein Geheimtip für Einsamkeitsfanatiker unter Wanderern, Bergsteigern und Kletterern war, scheinen vorbei: Die Fremdenverkehrsgemeinden Kals, Heiligenblut und Lienz haben die Erschließung von den Rändern forciert; die urgemütlichen, immer noch kleinen Hütten, die jedes der sechs vom Zentrum sternförmig ausstrahlenden Hochtäler erschließen, sind im Hochsommer schnell rappelvoll. Doch zu jeder anderen Jahreszeit findet man auf und zwischen den über 50 Dreitausendern jene Stille, wegen der so viele Menschen aus dem Streß und der Hektik des Alltags in die Berge flüchten. Der Wahrheit halber sei hier nicht verschwiegen, daß der Schober-Gruppe landschaftliche Attraktionen wie in der benachbarten Glockner-Gruppe fehlen; Schotterkessel und Steilrinnen können mit Gletscherglanz nicht konkurrieren.

»Echtes« Eis, seien es Gletscher, die diesen Namen verdienen, Eiswände oder -grate, findet man zwischen Kalser Bach und Möll nur in kleinen Portionen; einzig der Hochschober, von Norden gesehen – etwa vom Großglockner – die einzige Firngestalt der Gruppe, weist eine Eisflanke auf, die in den obersten 300 Metern als Wand anzusprechen ist. Das darunterliegende Schoberkees ist mit knapp 1 Quadratkilometer Fläche bereits der größte Gletscher der Gruppe, seit der Gletscherrückgang das früher weitaus größere Gößnitzkees in mehrere getrennte Eisbecken zerfallen hat lassen.

Unter den fünf Hauptgipfeln der Gruppe über 3200 Meter rangiert der Hochschober überraschend nur auf dem vierten Platz: Petzeck, Roter Knopf und Hornkopf heißen die drei höchsten, stumpfen Riesenpyramiden; nach dem Hochschober folgt

Die Bergsteiger stehen am Westgrat zum Hochschober vor der Qual der Wahl: über den letzten, brüchigen Steilaufschwung anzusteigen (dort ist eine Gruppe zu erkennen) oder in die oberste Nordwand hineinzuqueren (die hier etwas zu flach erscheint), um das nahe Gipfelkreuz zu erreichen.

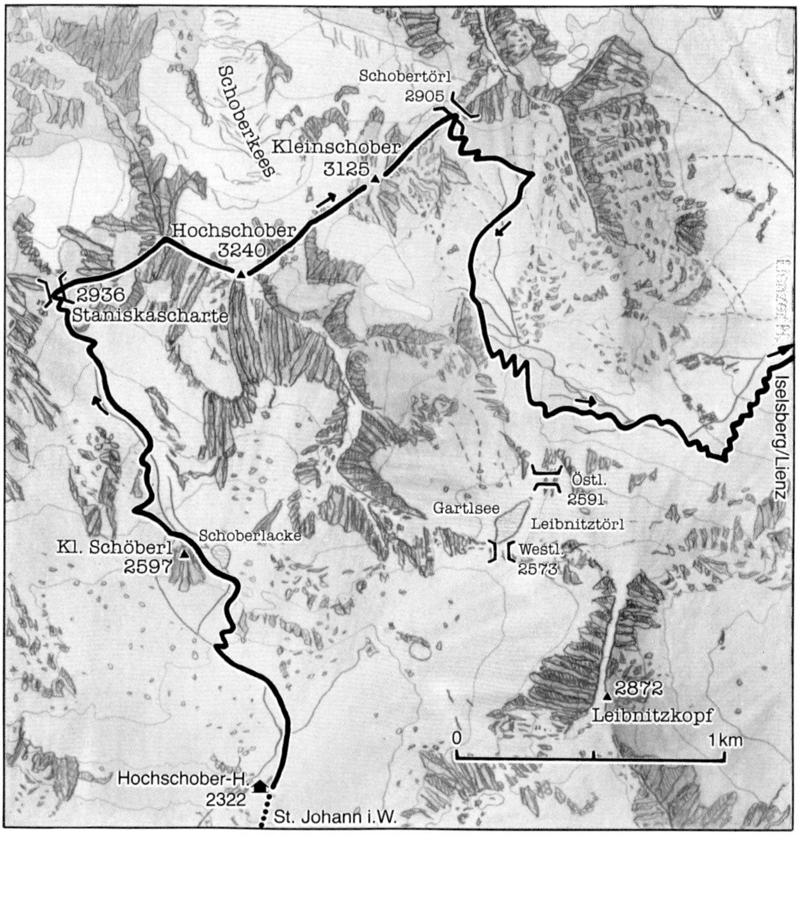

Die Eiswand in der Schober-Gruppe: der Hochschober von Nordosten, vom Glödis. Links unterm Gipfel Kleinschober und Schobertörl, ganz rechts der Niedere Schober; über beide Vorgipfel führt die Überschreitung.

noch der steile Glödis. Dennoch stiehlt der Hochschober diesen Gipfeln eindeutig die Schau. Er ist sogar aus dem Iseltal zu sehen und hat aus diesem Grund wohl der ganzen Gruppe den Namen gegeben.

Wer sich als »Durchschnittsbergsteiger« die großartige Aussichtskanzel des Hochschober vornimmt, darf die schönste Flanke – die Eiswand – zwar aus der Nähe bewundern, betreten aber darf er sie nicht! Der Normalweg ist eher ein typischer »Schober-Schotter«-Anstieg. Er beginnt im Iseltal bei den Häusern von Unterleibnig (Gemeinde St. Johann im Walde) und führt mit seiner ersten Etappe über die kleine Höhensiedlung Oberleibnig und durch das düstere Leibnitztal zur Hochschober-Hütte. Damit hat man fast zwei Drittel des gesamten Höhenunterschieds von der Isel bis zum Gipfel bereits geschafft. Der Weiterweg über die Schoberlacke zur Staniskascharte ist von der Natur fast vorgeschrieben. Zuletzt geht es in Kehren ein steiles Kar hinauf, bis in der Scharte sich urplötzlich der Blick zum Tauernkamm öffnet, zu Venediger und Glockner. Dann aber erfordert der Westgrat die ganze Aufmerksamkeit. Den Vorgipfel (3185 m), auch Niederer Schober genannt, umgeht man südseitig, dann leiten Drahtseile zum Gipfelaufschwung – oder man steigt unterhalb der Gratfelsen über den obersten Rand der Nordwand empor! Die Hauptgefahren am Grat liegen in und zwischen den Blöcken, besonders bei Neuschnee, und im Steilfirn.

Bevor man vom Gipfel zum zweiten Teil der Überschreitung aufbricht, sollte man sich die Strecke über den Kleinschober und den Nordostgrat genau ansehen und kritisch eigenes Können, Kondition und Mut prüfen. Wem der teils stark verwächtete Grat zu ausgesetzt ist, der sollte unbedingt am Anstiegsweg über den Westgrat absteigen. Im anderen Fall klettert man zum Firngrat ab und quert vorsichtig hinüber zum Kleinschober. Ein Rückblick in die eisige Nordwand des Hochschober, dann geht es in steilem und manchmal unangenehmem Schrofengelände hinunter zum Schobertörl.

Der hochalpine Teil der Tour ist damit abgeschlossen; es folgt der Spaziergang ins Grün des wasserreichen Gartl und hinunter ins breite Debanttal, wo auf der Lienzer Hütte – tief, aber zentral gelegen – als einziger aller Schober-Hütten Tagesgäste für Rummel sorgen.

39 Hohe Riffl

Überschreitung Torkopf – Obere Ödenwinkelscharte

Österreich
Glockner-Gruppe
3338 m
F/E

Talort Uttendorf, 804 m, im Oberpinzgau; AP/EP Enzingerboden, 1480 m, im Stubachtal, Straße/Bus ab Uttendorf.

Stützpunkt Rudolfs-H., 2311 m, ÖAV, Alpinzentrum am Weißsee unmittelbar neben der Bergstation der Gondelbahn.

Aufstieg Steinerne Stiege – Tauernmoossee – Kapruner Törl – Torkopf, 3099 m – NO-Grat (II).

Abstieg S-Kamm – Ob. Ödenwinkelscharte – Ödenwinkelkees – Rudolfs-H.

Zeiten Aufstieg 6 Std.; Abstieg 2–2.30 Std.

Charakter N-Anstieg über langen, schönen Zackengrat; im Fels mäßig schwierig (II), im Firn (Schlußgrat) sehr ausgesetzt, da gewaltiger Steilabbruch nach N. Abstieg nach S spaltenarmer Gletscher; wenn das Ödenwinkelkees aper ist, kann die ganze Tour – obwohl am Rande des riesigen Pasterzenbodens – ohne Spaltengefahr, d. h. für sichere Kletterer seilfrei gegangen werden.

Hinweis In den Karten (AV und ÖK) wird nicht P. 3099, sondern der nördl. vorgelagerte P. 2877 als »Torkopf« bezeichnet.

Führer Peterka/End: AVF Glockner- und Granatspitz-Gruppe, Rother, München.

Karten AV 40, Glockner-Gruppe, 1:25000. – ÖK 153, Großglockner, oder Gebietskarte Hohe Tauern, 1:50000.

Das verwinkelte »hohe Gletscherdach« der im Durchschnitt kaum niedrigeren Venediger-Gruppe ist der Glockner-Gruppe fremd. Allenfalls könnte man es mit dem Obersten Pasterzenboden vergleichen, aus dessen weiten Firnbecken sich die Pasterze, der längste Tauerngletscher, nährt. Aus dieser Eismasse ragen die Dreitausender oberhalb der Oberwalder-Hütte nur als unscheinbare Firnbuckel heraus. Ganz anders stellt sich die Kehrseite dieser Gipfel dar: Schroff und teilweise wandartig fallen Eiskögele, Johannisberg, Hohe Riffl und die Bärenköpfe zu den nordseitig gelegenen Talkesseln ab.

Während die Anstiege von der Oberwalder-Hütte doch eher monotone Gletscherhatscher sind, ziehen aus den urweltlichen Tauerntrögen im Norden die weitaus reizvolleren Routen zu den Gipfeln hinauf. Ausgangspunkt ist dann das Alpinzentrum Rudolfs-Hütte, das komfortabelste Alpenvereinshaus der Ostalpen.
Die Hohe Riffl ist unter den genannten Bergen keineswegs der höchste Gipfel, aber topographisch bedeutend: Der Blick auf die Karte zeigt, daß sich hier der Kapruner Kamm von der Pasterzen-Umrahmung (und damit vom Tauernhauptkamm) löst und mit Hocheiser und Kitzsteinhorn zwei der markantesten Glockner-Berge bildet. Hinzu kommt bei der Hohen Riffl das Interesse der Kletterer, denn die beiden nördlichen Grate – über den Torkopf und den Totenkopf – sind eindrucksvolle Felstouren, von der dazwischengelegenen, sehr schwierigen Nordwand ganz zu schweigen.
Gleich zu Anfang wird man für das bequeme Leben auf der Rudolfs-Hütte »bestraft«, denn auf der Steinernen Stiege hat man ziemlich genau 300 Höhenmeter abzusteigen, bevor man auf einer Brücke den Eisbodenbach überquert und es endlich bergauf geht. Über Gras- und Schrofenhänge zum Boden des Torkeeses, das heute nur noch ein Blockmeer ist, und hinauf zum Kapruner Törl. Da ist eine Pause fällig, weil man sich zunächst einmal sattsehen will an den blauen Stauseen und den Eisriesen um das Große Wiesbachhorn und weil man

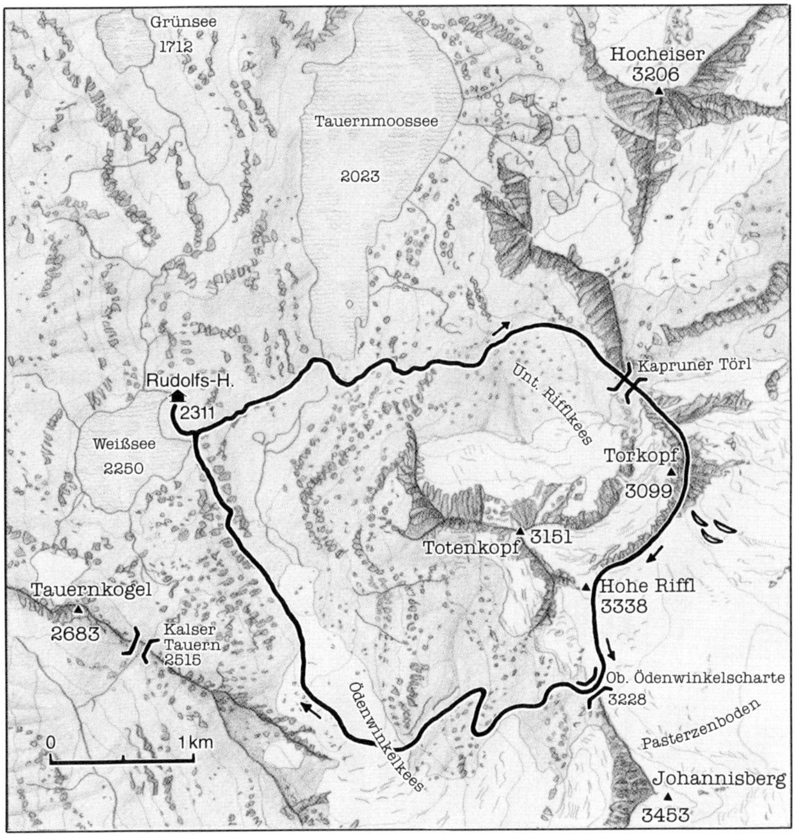

auch die nächste Strecke genau inspizieren will. Jetzt verläßt die Route feste Wege und führt in den steileren Fels hinein bzw. über den Zackengrat empor, der zum 3099 Meter hohen Torkopf hinaufzieht.

Den ersten Abbruch umgeht man westseitig, die folgenden Zacken sind in reizender Kletterei zu überschreiten, dann zwingen drei hintereinanderstehende Türme erneut zu einem westseitigen Ausweichen. Oberhalb einer Gratschulter – in der AV-Karte irrtümlicherweise als Torkopf bezeichnet – wird der Fels etwas brüchig, gleichzeitig aber legt sich der Grat zurück, und mit kleinen Ausflügen in die Ostflanke kommt man ohne Probleme zum Gipfel des Torkopfes, wo eine kurze Rast erlaubt ist.

Der anschließende Gang über den Nordostgrat zur Hohen Riffl ist eine reine Firntour, die eindrucksvoll die beiden gegensätzlichen Gesichter der Glockner-Gruppe vor Augen führt: rechts der haltlose, fast senkrechte Nordabbruch, links das sanftgewellte Firnplateau des Obersten Pasterzenbodens ... Anfangs sollte sich niemand zu nahe an den Rand des Grats wagen, da der Wind hier teilweise tückische Schneewächten aufgebaut hat; später formt sich der Grat zur schmalen Schneide, deren Ausgesetztheit noch einmal höchste Konzentration erfordert. Am Gipfel steht man dann wie auf einer Kanzel über dem Ödenwinkel.

Beim ersten Teil des Abstiegs sollte man am Seil gehen: Im scheinbar

Die großartige Umrahmung des Ödenwinkelkeeses. Vom Sonnblickkees erkennt man ganz links den dunklen Totenkopf und die Hohe Riffl, anschließend die breite obere Ödenwinkelscharte, Johannisberg und Eisögele.

Bergsteiger am Nordgrat der Hohen Riffl. Im Hintergrund der Weißsee und der Riesenbau der Rudolfs-Hütte.

harmlosen Hang zur Ödenwinkelscharte sind ein paar Spalten versteckt, die jeden Leichtsinn bestrafen. Notorische Gipfelsammler dürften bei guten Verhältnissen nun kaum der Versuchung widerstehen, den Johannisberg »mitzunehmen«. In $^1/_2$ Stunde erreicht man über den Nordgrat den höchsten Punkt. Die Aussicht unterscheidet sich nicht wesentlich von der der Hohen Riffl, der Blick über die Pasterze und zur wilden Nordflanke des Großglockner ist noch unmittelbarer.

Zurück an der Ödenwinkelscharte, haben die Firnspaziergänge endgültig ein Ende. Der Abstieg ist zunächst Geröll- und Schrofenstolperei. Durch das Schuttfeld mit dem bezeichnenden Namen Hoher Sand verläuft eine letzte Kehre, bevor der Weg dem nächst tieferen Hangabbruch auf dem unteren Ödenwinkelkees ausweicht – ein ebenso öder wie großartiger Winkel! Die Spur führt über den Gletscher abwärts bis zum Moränensteig, der durch die Steilhänge des Enzingerleitl zur kleinen, östlichen Staumauer des Weißsees und zur Rudolfs-Hütte hinaufführt.

40 Hoher Tenn

Zum stillen Nachbarn des Kitzsteinhorns

Österreich
Glockner-Gruppe
3368 m
Kst/E

Talort Fusch, 813 m, an der Großglocknerstraße (Bus von Kaprun).

Stützpunkt Gleiwitzer H., 2174 m, DAV, am W-Hang des Hirzbachtals, 4 Std. von Fusch.

Aufstieg NW-Grat über Kempsenkopf, 3090 m – Kl. Tenn, 3158 m – Schneespitz, 3318 m.

Abstieg Wie Aufstieg.

Zeiten Aufstieg Hütte – Gipfel 5 Std.; Abstieg zur Hütte 2.30–3 Std., Talabstieg 1.30–2 Std.

Charakter Unschwierige, aber ernste Hochtour mit mehreren Drahtseilpassagen in den unangenehmen Bratschenhängen des Bauernbrachkopfs. – Vollkommene Trittsicherheit erforderl. – Für die kurzen Firn- bzw. Eispartien unbedingt Steigeisen und Pickel mitnehmen!

Führer Peterka/End: AVF Glockner- und Granatspitz-Gruppe, oder Kl. Führer Glockner-, Granatspitz- und Venediger-Gruppe, Rother, München.

Karten AV 40, Glockner-Gruppe, 1:25000. – ÖK 153, Großglockner, oder Gebietskarte Hohe Tauern, 1:50000. – FB-WK 122, Großglockner – Kaprun – Zell am See, 1:50000.

Kitzsteinhorn und Hocheiser haben jenseits der Kapruner Stauseen im Fuscher Kamm zwei ebenbürtige Gegenüber: den Hohen Tenn und das Große Wiesbachhorn. Während letzteres – trotz gewaltiger Eiswand – ein relativ leicht zugänglicher Firngipfel ist, bleibt die Aussichtspyramide des Hohen Tenn ein Geheimtip der Pinzgauer Bergsteiger; 2500 Höhenmeter sowie eine Route mit klettersteigähnlichen Passagen und unangenehmen Querungen sind nicht nach jedermanns Geschmack.
Man kann den Aufsteig zum Hohen Tenn beim Adolf-Schärf-Haus am Mooserboden beginnen; dann erspart man sich den Hüttenanstieg, büßt aber diese Bequemlichkeit an den Geröllschindern des Gleiwitzer Höhenwegs. Der »ehrliche« Startpunkt zum Hohen Tenn ist Fusch an der Großglocknerstraße, gemütlicher Stützpunkt nach dem 3- bis 4stündigen Aufstieg durch das Hirzbachtal die Gleiwitzer Hütte. Dort vermerkt man stolz, daß der Höhenunterschied zum Gipfel des Hohen Tenn immerhin von 2500 Metern auf »nur noch« 1143 geschmolzen ist...
Anderntags erfordert der erste Wegabschnitt zur Jägerscharte an einigen heiklen Stellen gleich volle Konzentration. Ein weites Kar, steile Platten, Geröll und Schnee führen – teilweise mit Drahtseilen und Stiften gesichert – zum Spitzbrettgrat und in die Obere Jägerscharte. Vor allem nach Neuschneefällen kann dieses Wegstück recht gefährlich sein!
Bald darauf, am Kempsenkopf, verläßt die Route den Gleiwitzer Höhenweg, umgeht auf Steigspuren südwestlich den Bauernbrachkopf (Kenner überschreiten ihn wegen seiner Aussicht!) und erreicht über das Hirzbachtörl den Kleinen Tenn. Auch hier haben künstliche Steighilfen die »außerordentlichen Schwierigkeiten«, die Ludwig Purtscheller einst vorfand, beseitigt. Danach quert man in östlicher Richtung über das Gipfelschneefeld zum Schneespitz und über den Sattel zum felsigen Bergspitz.

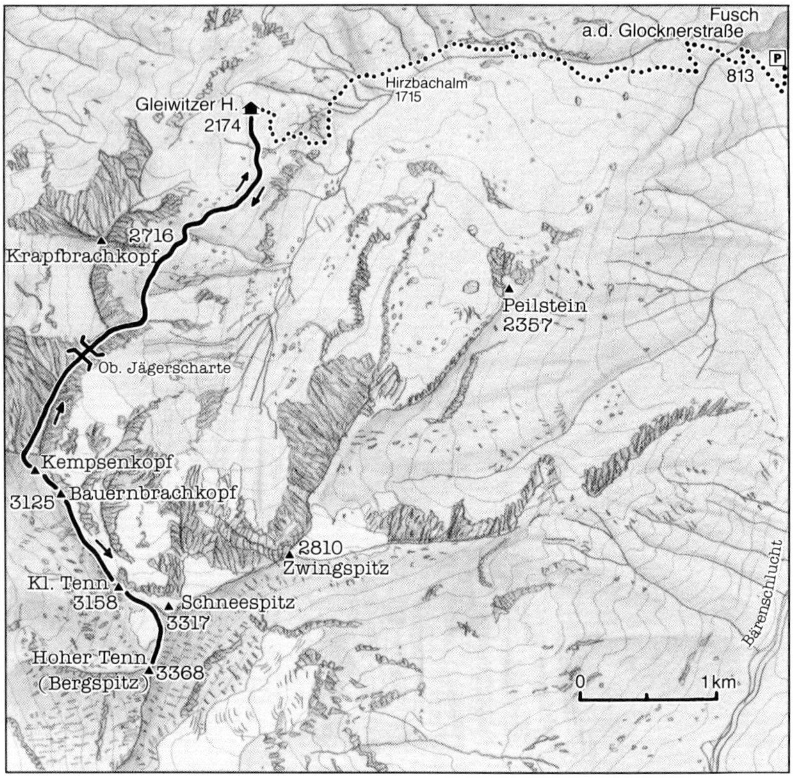

Blick über die Gleiwitzer Hütte hinweg zur Tenngrube und zur Nordflanke des Hohen Tenn. Durch die Rückseite des Bauernbrachkopfes (rechts oben) führt der Normalweg zur »Felswarze« des Kleinen Tenn und zum Hauptgipfel, den hier der wenig niedrigere Schneespitz verdeckt.

41 Watzmann

Die große Nord-Süd-Überschreitung

August 1995

Deutschland
Berchtesgadener Alpen
2713 m
F/Kst

Der Watzmann über dem Tal von Berchtesgaden, von alten Sagen und einer aufregenden Ersteigungsgeschichte ebenso umwoben wie von dem nicht unbegründeten Ruf der Gefährlichkeit, hat neben seiner ungemein stolzen Gestalt noch andere anziehende Attribute zu bieten: den romantischen Königssee und die Riesenfelstreppe seiner berüchtigten Ostwand, mit fast 2000 Metern Wandhöhe die höchste Felswand der Ostalpen.
Der Gipfelgrat des Watzmann ist eine lange, leicht gekrümmte, scharfe Felsschneide von Nord nach Süd, von der nach links die Ostwand zum Königssee, nach rechts ein kaum minder steiles Plattenschild ins Wimbachgries abbricht. Ganz im Süden trennt der Trischübelpaß diesen Dreigipfelgrat vom Steinernen Meer ab.
Die Überschreitung des Watzmann vom Watzmann-Haus her, das prachtvoll und gut bewirtschaftet auf dem Falzköpfl thront, ist bei sicherem Wetter für erfahrene Bergsteiger nicht schwer; Sicherungen am Grat bis nahe an die Südspitze heran erleichtern diese eindrucksvolle Traversierung. Freilich, an diesem Grat sind im Wettersturz auch schon beste Bergsteiger umgekommen. Die große Höhe und die Ausgesetztheit des Gipfelgrats verlangen, daß jeder, den Nebel oder Schlechtwetter überfallen, so-

Talorte Schönau, 570 m, südl. Berchtesgaden; AP Ortsteil Königsseee, 602 m. – Ramsau, 670 m, südwestl. Berchtesgaden, Straße/Bus von dort; EP Wimbachbrücke (Parkplatz), 624 m.

Stützpunkte Watzmann-Hs., 1928 m, DAV, auf dem Falzköpfl, 4 Std. von Schönau-Königssee über die Kühroint-A. – Wimbachgries-H., 1327 m, TVN, 3 Std. von der Wimbachbrücke.

Aufstieg Vom Watzmann-Hs. über den NNO-Grat und das Hocheck, 2651 m, zur Watzmann-Mittelspitze.

Abstieg Über die S-Spitze, 2712 m, zur Wimbachgries-H.

Talabstieg Zur Wimbachbrücke.

Zeiten Aufstieg 2.30 Std.; Abstieg 4–5 Std., Talabstieg 2 Std.

Charakter Überschreitung des gesamten Watzmannstocks, die trotz Drahtseilsicherungen absolute Trittsicherheit und Schwindelfreiheit voraussetzt; unschwierig (I). – Übergang zur Südspitze und Abstieg ins Wimbachgries (genau am Weg bleiben!) nur für ausdauernde Bergsteiger und bei sicherem Wetter.

Hinweise Aufstieg zum Watzmann-Hs. auch ab Ramsau (Wimbachbrücke), 4 Std.; damit komplette Rundtour. – Bei Wettersturz und Vereisung ist der Watzmanngrat außerordentl. gefährlich; bei den ersten Anzeichen eines Gewitters den Grat mit seinen Eisensicherungen sofort verlassen!

Führer Zeller/Schöner: AVF Berchtesgadener Alpen, oder H. Schöner: Kl. Führer Berchtesgadener Alpen, Rother, München.

Karten BLVA Nationalpark Berchtesgaden, 1:25000. – BLVA 8542, Königssee, oder Berchtesgadener Alpen, 1:50000. – ÖK 93, Bad Reichenhall, 1:50000. – FB-WK 102, Untersberg – Eisriesenwelt – Königssee, 1:50000.

Nicht besonders schwierig, aber ausgesetzt ist die Gratüberschreitung des Watzmann. Das große Bild zeigt die Strecke zur Mittelspitze hinüber; die Bergsteiger auf dem kleinen Bild stehen zwischen Mittel- und Südspitze Schlange.

In der Draufsicht erscheint die Schönfeld-Flanke unter der Watzmann-Südspitze – mit der Abstiegsroute ins Wimbachgries – steiler, als es der Wirklichkeit entspricht. Der Weg folgt anfangs dem Grat bis zur ersten tieferen Einschartung, erreicht durch ein Rinnensystem das obere Schönfeld, dann über Schrofen das untere, von dem im Bild nur noch ein kleiner Teil zu sehen ist.

fort umkehrt und sich nicht »schneidig« ins Verderben kämpft. Auch vor der Blitzschlaggefahr sei ausdrücklich gewarnt! Bei einem aufziehenden Gewitter hat man die Drahtseilsicherungen so schnell wie möglich zu verlassen und einen sicheren Ort aufzusuchen!

Beim Anstieg vom Watzmann-Haus über die Schulter zum Hocheck entpuppt sich das Wahrzeichen des Berchtesgadener Landes zunächst als ziemlicher Schutthaufen. In Serpentinen zieht der Weg zu einer glatten Felsstufe mit ersten Drahtseilen und weiter über Geröll zum Hocheck (wo sich eine kleine Unterstandshütte befindet). Dann aber folgt das großartige Auf und Ab über die knapp $1^1/_2$ Kilometer lange Gratstrecke zur Südspitze. Die Route folgt teils der Grathöhe, teils weicht sie auf Bänder in der Westseite aus. Nur die schwierigsten Stellen sind mit Drahtseilen gesichert, keineswegs der gesamte Grat! Den Kalkfels haben schweißfeuchte Hände und die Schuhsohlen von Tausenden von Vorgängern stellenweise in ein glänzendes, aber – besonders bei Feuchtigkeit – auch rutschiges Parkett verwandelt. Ein Ausrutscher kann den Tod bedeuten!

Die Abgründe zu beiden Seiten erfordern auch von manch schwindelfreiem Bergsteiger etwas Gewöhnung: Links stürzen die Blicke über die Zyklopentreppen der Ostwand bis zum Kircherl von St. Bartholomä am Königsseeufer, rechts entdecken sie erst im Wimbachgries horizontale Flächen. Während man von der Mittel- zur Südspitze klettert, hat man das Steinerne Meer vor Augen und die firnblinkenden Hohen Tauern um Großglockner und Kitzsteinhorn.

Der Abstieg vom Südgipfel über teilweise recht steile Schrofen ins Schönfeld (ein Hochkar) und weiter ins ungefährliche Wimbachgries ist bei guter Sicht nicht schwierig; bei Nebel oder nach Neuschnee aber haben von Übergang oder von der Ostwand-Durchsteigung erschöpfte Bergsteiger schon oft biwakieren müssen. Steigspuren und deutliche Markierungen führen ein kurzes Stück den Südgrat hinunter, bis sie nach rechts in eine breite Schuttrinne abbiegen. Serpentinen leiten zu einem Schuttfeld, auf dem man sich etwas links hält und zu Drahtseilen gelangt, die über steile Schrofen zum Schönfeld hinunterziehen. Ab da ist der Weg durch Rinnen und Latschengassen teilweise ausgespült und schwer zu erkennen. 1500 Höhenmeter müssen die Kniegelenke leiden, dann erst geht es im riesigen Schuttstrom des Wimbachgrieses weniger anstrengend zum Zwischenstopp an der Wimbachgries-Hütte. Das Ende der Tour, der Marsch durchs Wimbachgries, ist etwa 8 Kilometer lang, mit müden Gliedern und durstiger Kehle aber viel, viel länger …

42 Hoher Göll

Kalkburg zwischen Salzach und Königssee

August 1995

Deutschland/Österreich
Berchtesgadener Alpen
2522 m
F/Kst

Der Hohe Göll über dem 2000 Meter tiefer liegenden Salzachtal präsentiert sich auf der Landkarte wie ein seitenverkehrtes L; er streckt einen gewaltigen Kamm nach Norden und einen ebensolangen, aber etwas sanfteren Kamm über das Hohe Brett nach Westen. Im hohen Winkel liegen die weltverlorenen Karrenfelder der Göllsanden und der Umgänge, dicht darunter haben sich die dramatisch von Felswänden umstellten Karwinkel des Endstals und des Alpeltals eingegraben.

Ein wahrhaft abweisender Klotz, der sich allerdings längst zu einem idealen Tummelplatz für fast alle alpinen Spielarten entwickelt hat. Trittsichere Bergwanderer finden dort ebenso ihre Wege wie Freunde von Klettersteigen. Extremkletterer zieht es seit langem zu den Pfeilern und den beiden markanten Trichtern in der Westwand. Skibergsteiger schwindeln sich durchs Alpeltal zum Gipfel und wieder ins Tal, während Steilwand-Skiexperten über die supersteile Ostwand abfahren. Neuerdings dient der Göll auch Gleitschirm-Piloten als Startplatz ...

Der einfachste, aber auch längste Weg über den mächtigen Göllstock zieht vom Purtscheller-Haus am Ekkerfirst (siehe Bild S. 118) über den keinesfalls ganz harmlosen (wenn auch gesicherten) Salzburger Steig zu den Gölleiten und zum Gipfel. Die Variante des Schusterwegs über den Grat bietet dabei die interessantere, jene durch die Ostflanke mit dem Kamin, dem mit Eisenstiften gespickten und mit Drahtseilen gesicherten Ausstieg zum Gipfelgrat, die leichtere Anstiegsmöglichkeit (beide sind unschwierig).

Die Form des Göllmassivs fordert geradezu zu einer Überschreitung heraus. Dabei läßt sich auf oben beschriebener Route die eine Seite des »L« erreichen. Man kann aber auch – kaum schwieriger, aber noch reizvoller – ganz diesen beiden Linien fol-

Talort Berchtesgaden, 540 m. AP Kehlstein-Hs., 1837 m, am Kehlstein (keine Übernachtungsmöglichkeit), Bus von Berchtesgaden über Obersalzberg; EP Whs. Hinterbrand, 1130 m, Straße von Berchtesgaden-Mitterbach.

Stützpunkte C.-v.-Stahl-Hs., 1733 m, ÖAV, auf dem Torrener Joch, und Schneibstein-Hs., 1668 m, TVN, wenige Min. unterhalb, 2 Std. von Hinterbrand, 0.30 von der Jenner-Bergstation (Seilbahn ab Königssee).

Aufstieg Über Mannlgrat (NW-Grat) und Gölleiten (I).

Abstieg Über SO-Grat – Gr. Archenkopf – Brettriedel – Hohes Brett – Jägerkreuz zum C.-v.-Stahl-Hs.

Talabstieg Zur Jenner-Bergstation oder nach Hinterbrand.

Zeiten Aufstieg 3 Std.; Abstieg 3–4 Std., Talabstieg zum Jenner 0.30 Std., nach Hinterbrand 1 Std.

Charakter Überschreitung des mächtigsten Berges östl. des Königssees. Unschwierig, Trittsicherheit erforderl.; der Mannlgrat ist ein mark., leichter Klettersteig. – Bis in den Herbst sind allerdings gefährlich steile Schneefelder zu queren, daher evtl. kleinen Pickel mitnehmen!

Hinweis Von der Göllscharte Abstiegsmöglichkeit durch das Alpeltal nach Vorderbrand (bez.).

Führer Zeller/Schöner: AVF Berchtesgadener Alpen, oder H. Schöner: Kl. Führer Berchtesgadener Alpen, Rother, München.

Karten BLVA Berchtesgadener Alpen, 1:50000. – ÖK 93, Bad Reichenhall, 1:50000. – FB-WK 102, Untersberg – Eisriesenwelt – Königsseee, 1:50000.

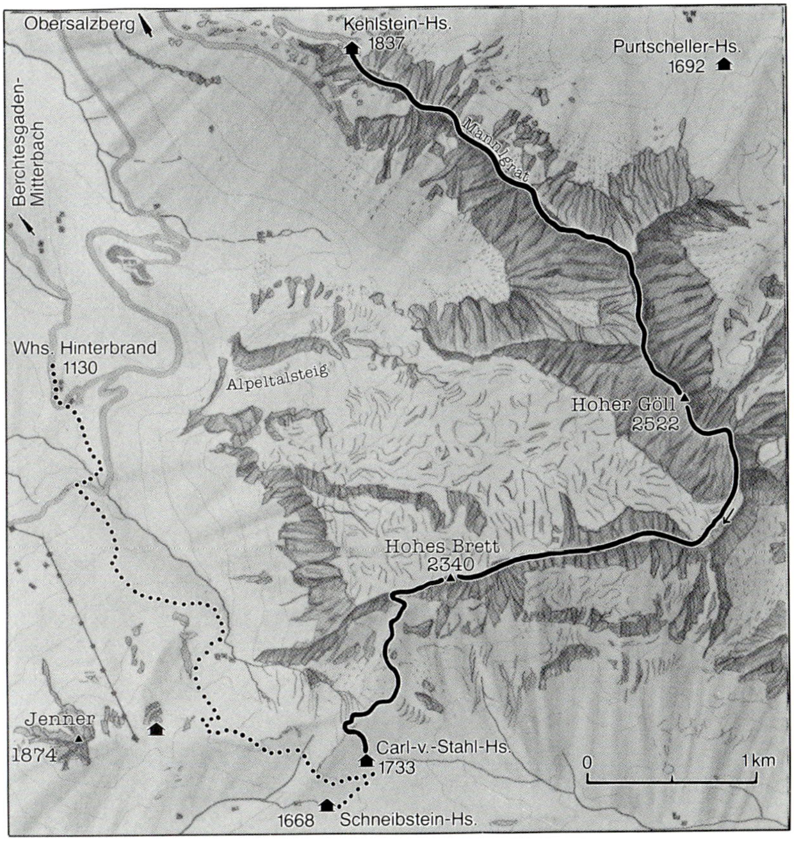

gen. Dies bedeutet, daß der Kehlstein, mit Hitlers Teehaus zu zweifelhaftem Ruhm gekommen, Ausgangspunkt der langen Tour ist, der Klettersteig entlang dem Mannlgrat den originellen Auftakt bildet und die luftige Gratwanderung zum Hohen Brett, direkt auf den Watzmann-Stock zielend, die zweite Hälfte bestimmt.
Die vielen Touristen, die sich jeden Sommer zum Kehlstein karren lassen, können beim Panoramablick Hochgebirge als Ganzes bewundern, vom kleinen Rundweg durch eine Bresche aber auch die reizenden Kalkzähne der Mannlköpfe und einen veritablen Klettersteig ganz aus der Nähe betrachten. Wo man mit Halbschuhen und Sandalen nicht mehr gut weiterkommt, beginnt dieser schon in den fünfziger Jahren angelegte Eisenweg. Den markantesten Gratzacken weicht der Steig im Osten oder Westen aus; so bummelt man für einige Zeit ohne großen Höhengewinn im Auf und Ab

Das Purtscheller-Haus (Mitte) vor der Ostwand des Hohen Göll. Vom Purtscheller-Haus führt der Salzburger Steig direkt zur Schulter am rechten Ende des langen Gipfelgrats, der rechts etwas steiler zum (nicht mehr sichtbaren) Mannlgrat abbricht.

am Grat entlang. Alle schwierigeren Stellen sind mit Drahtseilen und Eisenklammern gut gesichert, der Fels ist – wie so oft im Kalk – teilweise schon recht abgespeckt (was bei Nässe erhöhte Vorsicht erfordert!).
Dort, wo der Grat steiler ansteigt, ist das Klettersteig-Vergnügen schon vorbei und es folgt der steinige Weg zum Gipfel: über den breiten Geröllrücken der Gölleiten zum langen Gipfelgrat, wo nacheinander die Wege vom Purtscheller-Haus einmünden, und weiter zum höchsten Punkt.
Bei klarer Sicht steht man dort auf einer prächtigen Aussichtskanzel am Alpenrand: Im Norden schaut man

nach Salzburg hinunter, im Südosten und Süden erblickt man die stillen Kalkmassive von Tennen- und Hagengebirge, dahinter die Übergossene Alm am Hochkönig; hinter der Königsseefurche breitet sich das Steinerne Meer aus, westlich davon baut sich der Watzmannstock auf.

Vom Gipfel steigt man zum Kreuz am Vorgipfel und am Grat (keinesfalls vom Weg abweichend!) relativ einfach zur Göllscharte ab. Hier zweigt der Notabstieg über die Göllsanden und durchs Alpeltal nach Vorderbrand ab, der bei Nebel oder Schneefall freilich leicht in die Irre führen kann. Bei gutem Wetter aber steigt man von der Göllscharte interessant unterm Kleinen Archenkopf durch – dabei ein im Herbst oft vereistes Schneefeld querend –, dann durch eine Steilrinne auf den Grat und zum Großen Archenkopf (2391 m). Stellenweise ausgesetzt, geht es weiter zum Brettriedel und zum Hohen Brett. Ab hier kann nicht mehr viel passieren. Man folgt dem Weg über Grasschrofen und zwischen Latschengärten hinab zum Jägerkreuz und biegt dort nach Süden ab, stets der Grenze entlang, zum Pfaffenkegel und zum Carl-von-Stahl-Haus am Torrener Joch.

Wer am Morgen rechtzeitig von Berchtesgaden mit dem Bus zum Kehlstein-Haus gefahren ist ($^1/_2$stündlich ab 7.20 Uhr) und am Weg nicht allzulange getrödelt hat, bummelt vom Stahl-Haus in 25 Minuten zur Bergstation der Jennerbahn, um gelenkschonend ins Tal hinunterzuschweben (letzte Talfahrt 17.30 Uhr).

Die »Mannln« am untersten Nordwestgrat des Hohen Göll. Von der tiefen Kerbe im Felsturm im Hintergrund führt der gesicherte Steig an den Kalkfelsen entlang in Richtung Göll.

43 Mosermandl

Kalkbastion überm Tauerntunnel

Österreich
Radstädter Tauern
2680 m
F/Kst

Talort Wald, 1328 m, im hint. Zederhaustal am S-Portal des Tauerntunnels (Busstation); Straße zum AP Seppbauer-A., 1487 m, und zum EP Untere Eßl-A., 1550 m, im Riedingtal (oberster Abschnitt des Zederhaustales).

Stützpunkt Fr.-Fischer-H., 2001 m, ÖAV, am Zaunersee, 1.15 Std. von der Unt. Eßl-A.

Aufstieg Von der Seppbauer-A. über den S-Grat.

Abstieg Über die Windischscharte zur Fr.-Fischer-H.

Talabstieg Fr.-Fischer-H. – Unt. Eßl-A.

Zeiten Aufstieg 4 Std.; Abstieg zur Hütte 1.30 Std., Talabstieg 0.40 Std.

Charakter S-Grat unschwierige Felstour (I), Trittsicherheit nötig. Der Abstieg zur Windischscharte ist der Normalweg; in der Gipfelrinne Drahtseilsicherungen.

Hinweise Dominierende Gestalt in den Radstädter Tauern mit entsprechender Fernsicht. – Auf dem Karstplateau zwischen Gipfel und Windischscharte Steinmann-Mark. beachten!

Führer P. Holl: AVF Niedere Tauern, Rother, München.

Karten ÖK 156, Muhr, 1:50000. – FB 19, Goldberg – Ankogel – Radstädter Tauern.

Das Mosermandl in den Radstädter Tauern erzielt beim Betrachter als schroffer Felsrücken über bescheidenerer Nachbarschaft große Wirkung. Aus einer Kalkinsel inmitten der ansonsten streng »kristallinen« Zentralalpen ragt es zwischen den früher so stillen Gründen von Flachau- und Zederhaustal in die Höhe. Die beiden Täler sind heute die lärm- und abgasverpesteten Autobahnrampen des Tauerntunnels ... Ein Glück nur, daß die meisten Autofahrer hier nicht rasten, sondern rasen: bloß nach Süden, gebräunt Tage oder Wochen später wieder nach Norden. Aber dürfen wir klagen, solange die Mehrheit – auch unter den Bergsteigern! – mit dem Auto anreist?
Das Auto wird in jedem Fall geschont, der Körper dafür ein wenig geschunden, wenn man vor dem Tauerntunnel auf die Bremse und dann in 4 oder 5 Stunden auf das Mosermandl steigt.

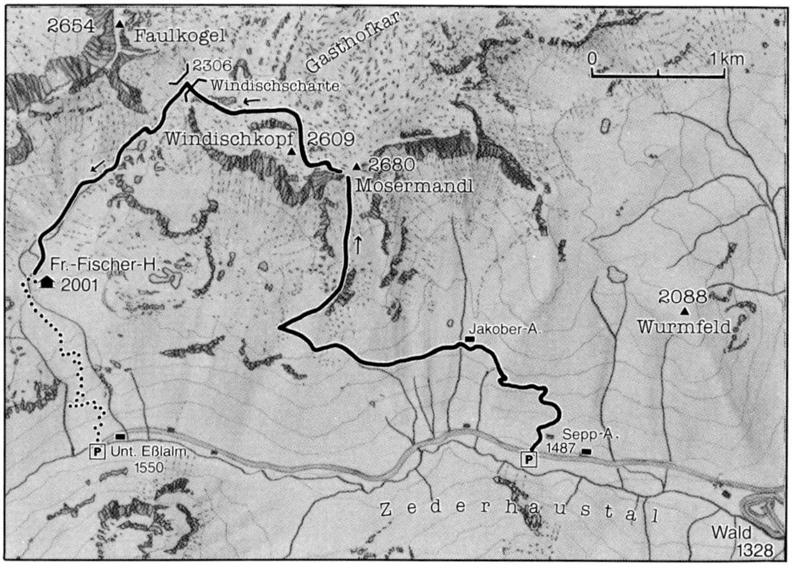

Wer sich im Zederhaustal, ein Stück oberhalb des südseitigen Tauerntunnel-Portals, auf den Weg macht, hört schon bald das Plätschern der kleinen Bäche und nicht mehr das Rauschen des Autostroms. Ein Stück folgt die Route von der Jakober-Alm dem Tauern-Höhenweg nach Westen, dann zeigt ein Wegweiser rechts hinauf zum Beginn des eigentlichen Mosermandl-Südgrats. Dort mildern Drahtseile zwar nicht die Ausgesetztheit, aber doch etwas die Ängste.
Wer will den Ausblick erklären? Es sind keineswegs nur die letzten Gletschergipfel der Hohen Tauern, die da im Westen Parade stehen: Hafner, Hochalmspitze, Sonnblick, Glockner und Wiesbachhorn; ebenso faszinierend ist das Gedränge der abgelegenen, wie vergessen wirkenden Niederen Tauern ringsumher, mit ihren vielen Dutzenden stiller Gneisketten und armer Talfalten.
Beim Abstieg am Normalweg darf man nach der Schuttrinne auf den Geröllhalden ausschreiten, gelangt am Windischkopf vorbei in die Windischscharte und bummelt südwestwärts hinunter zur Franz-Fischer-Hütte. Die Lacken im Zaunerkar – köstliche Rastplätze! – weisen übrigens auf die besonderen geologischen Verhältnisse hin, und zwar auf kristalline »Späne« inmitten der wasserdurchlässigen Kalkflächen.
Von der Hütte geht's mit müden Beinen steil ins Hinterriedingtal, den oberen Teil des Riedingtals, wie der letzte Abschnitt des Zederhaustals heißt, das wiederum ins Becken des Murtals (Lungau) mündet. Merke: Je hinterer das Tal, desto komplizierter der Name ...

Das Mosermandl von Nordwesten. Der Abstieg führt durch die Rinne direkt in die Gipfelfallinie auf die Schutthalden des Gasthofkars.

44 Hoher Dachstein

Zwischen Sommerskirummel und Gosaustille

Österreich
Dachsteingebirge
2995 m
E/Kst

Talorte AP Hallstatt, 511 m, am Hallstätter See. – Gosau, 779 m, im Salzkammergut; EP Ghs. Gosausee, 933 m, am Vord. Gosausee (Parkplatz; Weiterfahrt für Kfz. gesperrt).

Stützpunkte Simony-H., 2203 m, ÖAV, am Taubenriedel, 6 Std. von Hallstatt über Tiergarten- und Wiesberg-H.; 2 Std. von der Station Gjaid-A. (Seilbahn ab Obertraun). – Dachsteinwarte-H., 2741 m, ÖAV, einfache Unterkunft östl. des Gipfelaufbaus, 2 Std. von der Simony-H. über den Hallstätter Gletscher, 0.30 Std. von der Station Hunerkogel der Dachstein-Südwandbahn. – Adamek-H., 2196 m, ÖAV, nordwestl. unter dem Gosaugletscher, 4 Std. vom Ghs. Gosausee über den Hint. Gosausee.

Aufstieg Über Hallstätter Gletscher und NO-Wand (Randkluft-Anstieg).

Abstieg Über W-Grat bis Ob. Windlucke und Gr. Gosaugletscher zur Adamek-H.

Talabstieg Zum Ghs. Gosausee.

Zeiten Aufstieg 3–3.30 Std.; Abstieg 1.15–1.45 Std., Talabstieg 2.30–3 Std.

Charakter Hochtour mit Kletterpassagen im II. Schwierigkeitsgrad (trotz alter Sicherungen). Komplette Gletscherausrüstung erforderl. Im Spätsommer kann die Randkluft unter der NO-Wand zum Problem werden.

Hinweis Für ganz Eilige besteht die Möglichkeit, mit der Dachstein-Südwandbahn ab Ramsau hinaufzufahren und den Gipfelaufstieg auf kaum 2 Stunden zu verkürzen. Rückweg dann am schönsten über die Windlegerscharte, 4–5 Std. von der Adamek-H. zur Bachl-A. bzw. in die Ramsau.

Führer W. End: AVF Dachsteingebirge Ost, oder Kl. Führer durch das Dachsteingebirge, Rother, München.

Karten AV 14, Dachsteingebirge – Dachstein, 1:25000. – ÖK 95, St. Wolfgang im Salzkammergut; 96, Bad Ischl; 126, Radstadt, und 127, Schladming, 1:50000. – FB-WK 281, Dachstein – Ausseer Land – Filzmoos – Ramsau, 1:50000.

Das Dachsteingebirge zwischen dem Ennstal und den Seen des Salzkammergutes gilt als ein »Mustergebirge« der Nördlichen Kalkalpen. Hier vereinigen sich alle Reize, die man dem Kalk von der Rax bis zum Schweizer Alpstein abgewinnen kann, zu einer dichten Szene: Der prallen, senkrechten und von Bändern strukturierten Südwand steht nordwärts eine unübersehbare Karrenwüste gegenüber, ohne oberirdischen Abfluß, von Dolinen und Höhlen zerfurcht, nur in der höchsten Zone von weiten Firndecken geschmückt, die sich zwischen kühne Felsgrate drängen; nach Nordwesten ragt aus dem Massiv ein Kamm wilder Felstürme heraus, der das Liebliche einer Almlandschaft von der Strenge eines alpinen Fjords trennt.

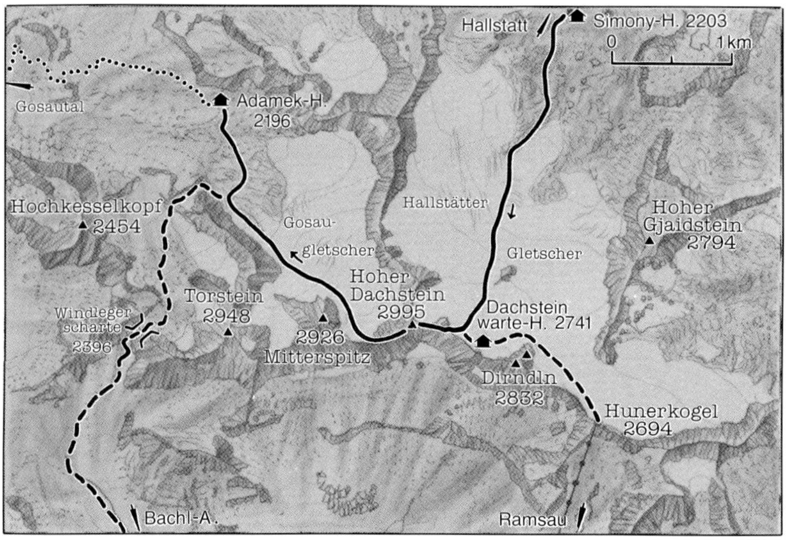

Der Dachstein ist bei Bergsteigern schon immer ein beliebtes Ziel gewesen – obwohl ihm 5 Meter zum Dreitausender fehlen. An zahlreichen Sommertagen bilden sich daher auf den nordostseitigen Normalanstiegen Warteschlangen. Wer sich noch nicht an die große Zahl im Gebirge gewöhnt hat – oder sich nicht daran gewöhnen will –, wird sich also genau überlegen, wann er diesen Berg besteigt.

Grund des Übels sind nicht die in den Fels gemeißelten Tritte und die Eisenhaken, die der »Dachstein-Professor« Friedrich Simony vor rund 150 Jahren anlegen ließ, um die »abscheuliche Kletterei« am Gipfelaufbau zu erleichtern; es sind vielmehr die Aufstiegshilfen unserer Zeit: Zwei Seilbahnen führen von Norden an den Rand der Karstfläche, eine Bahn schwebt von Süden über die senkrechten Felsabstürze zum Rand des Gletschers, den die Fremdenverkehrsindustrie in eine

Ansturm auf den Hohen Dachstein. Rechts wechseln einige Begeher des Normalwegs über die Randkluft vom Eis in den Fels, wo sich der weitere Routenverlauf mit Hilfe der vielen Personen leicht verfolgen läßt. Gut zu erkennen ist auch das große Band, das von links her das untere Ende der zum Gipfel ziehenden Rinne erreicht und eine Anstiegsvariante ermöglicht. Seilschaften sind auch am Ostgrat zu erkennen, an dessen unterem Absatz das Bild entstand.

Von der Niederen Schreiberwand oberhalb der Adamek-Hütte blicken diese Bergsteiger über den Großen Gosaugletscher zum Hohen Dachstein (über der Bildmitte) und zum Mitterspitz, deren Gipfel gerade noch in die Wolken stoßen.

Art hochalpinen Vergnügungspark verwandelt hat. Wie zum Hohn prangt inmitten der Beton- und Aluminiumkonstruktionen am Hunerkogel ein Schild mit dem Hinweis, daß die Besucher hier ein Naturschutzgebiet betreten! ...

Für Verfechter der reinen alpinistischen Lehre ist bei einer Dachstein-Überschreitung der Aufstieg von Norden, mit der Übernachtung in der Simony-Hütte, zwingend – zudem lernt man auf dieser Route, dieses Massiv zu begreifen. »Kleine Sünder« benützen die Seilbahn und queren durch die Latschenfelder zur Hütte. Anderntags verliert man am Weg von der Simony-Hütte zur Zunge des Hallstätter Gletschers ein paar Meter, dann geht es über dessen weite Firnböden, einer Spaltenzone links ausweichend, mehr oder weniger direkt auf den Gipfelstock zu. Ein Abstecher zur Dachsteinwarte lohnt sich, denn nirgendwo sonst hat man einen solch unmittelbaren Einblick in die Südwand des Berges.

Auch der weitere Weg zum Gipfel ist gut zu übersehen: Entweder am gesicherten Steig über den unteren Teil des Ostgrats zur Schulter und über das Mecklenburgband oder über die gefürchtete Randkluft im obersten Gletscherwinkel und erste Felsstufen erreicht man die auffallende, vom Gipfel herabziehende Rinne, durch die bzw. an deren rechter Seite die Sicherungen zum Gipfel leiten. Bei der Gipfelrast, nur einige Schritte von der 900 Meter hohen Südwand entfernt, schaut man bei gutem Wetter vom Wiener Schneeberg bis zu den Staubaiern und vom Böhmerwald bis in die Julischen Alpen.

Der Abstiegsweg führt über den nur mäßig steilen, mit Drahtseilsicherungen versehenen Westgrat hinab in die Obere Windlucke und die letzten steilen Meter auf den Gosaugletscher hinunter. Angeseilt steigt man über den Firn erst mäßig steil abwärts, weicht den Spalten je nach Schneelage rechts oder links aus, hat eventuell heikle, blanke Passagen zu queren und gelangt schließlich zum Moränensteig, der vor der Tür der Adamek-Hütte endet. Von ihr geht es über den Gosauer Reitweg in gut 3stündigem Abstieg hinab in den romantischen Boden der Gosauseen und zum Bus nach Steeg und Hallstatt. Eine Warnung zum Schluß: Die beiden Gletscherbegehungen erfordern im späten Sommer immer Steigeisen oder Grödeln, dazu Eispickel, Seil und – Besonnenheit!

45 Hocharn und Hoher Sonnblick

Die Hauptgipfel der Goldberg-Gruppe

Österreich
Goldberg-Gruppe
3254 m
F/E

Die drei bedeutendsten Erhebungen der von Salzach und Möll flankierten Goldberg-Gruppe in den östlichen Hohen Tauern heißen Schareck, Sonnblick und Hocharn. Ersterer ist leider jüngst dem fragwürdigen Projekt einer Mölltaler Gletscherbahn zum Opfer gefallen und durch das Seilbahnhotel am Wurtenkees sowie die bis kurz unter den Gipfel reichende Schleppliftanlage bergsteigerisch entwertet worden.
Auf dem Hohen Sonnblick dagegen, dem südwestwärts prächtig vergletscherten, nordwestwärts mit mächtigen Felspfeilern aus dem Rauriser Tal aufstrebenden Zentralgipfel der Gruppe, stehen seit 100 Jahren unverändert das Rojacher Observatorium und das altehrwürdige Zittel-Haus der Sektion Halle. Im Unterschied zum Schareck kommt man hier ausschließlich zu Fuß hinauf, wobei die Länge der Anmarschwege eine gewisse Vorauswahl schafft.
Auch der Hocharn, der höchste dieses Dreigestirns, ist frei von irgendwelchen Anstiegshilfen und nur dem ausdauernden sowie erfahrenen Bergfreund vorbehalten. Für diesen zeigt die Alpenvereinskarte außerdem einen ganz besonderen Leckerbissen auf, nämlich den Klagenfurter Jubiläumsweg, der bestens markiert und teilweise gesichert vom Sonnblick über den Hocharn bis zum Heiligenbluter Hochtor führt. Diese Gratwanderung – im buchstäblichen Sinn – dauert insgesamt 10–15 Stunden. Viele brechen sie allerdings beim Otto-Umlauft-Biwak ab, da auf der weiteren Strecke die landschaftlichen Eindrücke im wahrsten Sinn des Wortes abflachen.
Der weiteste Weg zum Zittel-Haus führt von Döllach im Mölltal durch das schöne Zirknitztal, das inzwischen der Energiewirtschaft als Stauseezufahrt dient und bis zum Schrall-Kaser asphaltiert ist. Trotzdem lohnt es sich, hier aufzusteigen und die Zivilisation, die Almhütten und das letzte Grün all-

Talorte AP Döllach (Großkirchheim), 1013 m, im Mölltal. – Heiligenblut, 1288 m, am Großglockner; EP Fleißkehre der Großglockner-Hochalpenstraße, 1520 m, an der Auffahrt zum Hochtor.

Stützpunkte Zittel-Hs., 3105 m, DAV, auf dem Hohen Sonnblick, 7–8 Std. von Döllach. – O.-Umlauft-Biwak, 2987 m, ÖAV, in der Krumlkeesscharte am Beginn des Hocharn-W-Grats, 5 Std. von der Fleißkehre.

Aufstieg Durch das Gr. Zirknitztal zum Hohen Sonnblick (Zittel-Hs.), dann über Kl. Fleißkees und Goldzechkees auf den S-Grat zum Hocharn (I).

Abstieg Vom Hocharn über den Klagenfurter Jubiläumsweg (I) bis zum O.-Umlauft-Biwak, weiter durch das Gr. Fleißtal zur Fleißkehre.

Zeiten Aufstieg zum Hohen Sonnblick 7–8 Std., Übergang zum Hocharn 2.30 Std.; Abstieg 3–4 Std. zur Fleißkehre.

Charakter Lange, kombinierte Hochtour, die abseits der bekannten Sonnblick-Aufstiege verläuft und neben großer Ausdauer absolute Trittsicherheit erfordert (besonders beim Abstieg vom Hocharn). – Trotz geringer Spaltengefahr auf den kurzen Gletscherstrecken Seilsicherung nötig, ebenso Steigeisen und Pickel wegen der Passage steilerer Firn- und Altschneefelder, vor allem bei der Umgehung des Goldzechkopfes.

Hinweis Eine schöne Variante ist der weitere Gratabstieg vom Biwak über den gesamten, meist ges. Klagenfurter Jubiläumsweg, entlang dem Kamm Krumlkeeskopf – Hochtor (I, 6–7 Std.), wo man ebenfalls auf die Glocknerstraße trifft.

Führer Buchenauer/Holl: AVF Ankogel- und Goldberg-Gruppe, Rother, München.

Karten AV 42, Sonnblick, 1:25000. – ÖK 154, Rauris, und 180, Winklern, 1:50000. – FB-WK 181, Lienz – Heiligenblut – Matrei, 1:50000.

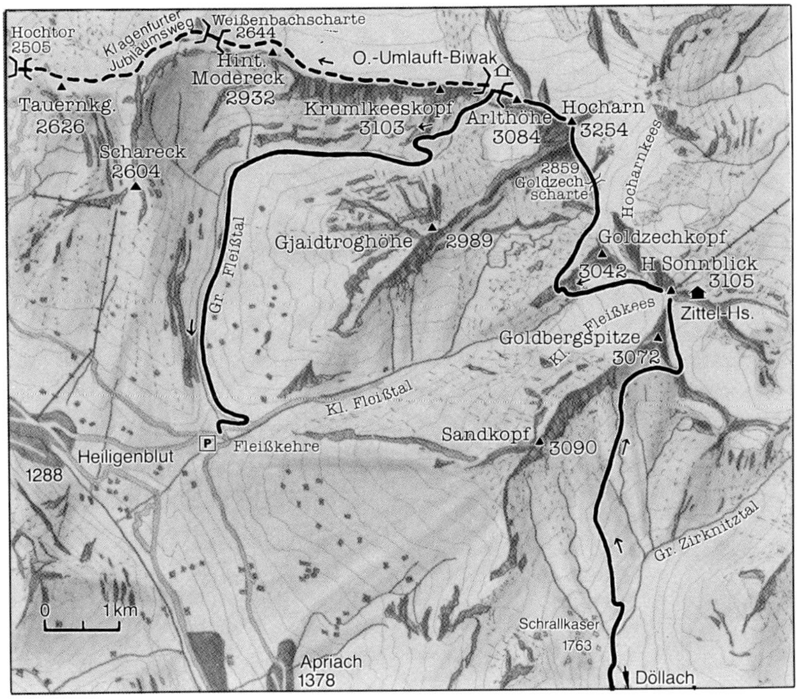

mählich hinter sich zu lassen. In dem öden Kargelände nach der obersten Talstufe, wo einzig der Anblick der kleinen Plattenlacke etwas Trost spendet, achte man sorgfältig auf die Wegmarkierungen. Der Aufmerksame erreicht schließlich nach 3-, 5- oder 7stündigem Anstieg die Obere Brettscharte – und sieht sich dem Sonnblick direkt gegenüber, der da wie ein kecker Zuckerhut über einem wallenden Gletschermantel steht. Jenseits der Scharte geht's vorsichtig einige Felsstufen hinab zum Vogelmaier Ochsenkarkees, auf diesem dicht unterhalb der Goldbergspitze nordwärts in die Kleine Fleißscharte und zuletzt im Schnee und Geröll empor zum Sonnblickgipfel. Mit etwas Wetterglück läßt sich hier bzw. auf der Terrasse des Zittel-Hauses ein malerischer Sonnenunter- sowie -aufgang erleben, mit Großglockner, Ankogel und Hocharn als Hauptattraktionen.

Anderntags folgt man der meist gut ausgetretenen Trasse über das Kleine Fleißkees hinab bis in die Pilatusscharte am Beginn des scharfgeschnittenen Goldzechkopfes. Den kann man direkt überklettern (I) oder links in der ostseitigen Schutt- und Schneeflanke umgehen (Willi-Schweizer-Weg). Die Mutigen und Vorsichtigen treffen sich in der Südlichen Goldzechscharte wieder und steigen gemeinsam am Vorgipfel des Hocharn vorbei zum höchsten Punkt

Die Steilseite des Sonnblick aus dem oberen Rauriser Tal. Der Gipfel ist das kecke Felshorn rechts des scheinbar höchsten Punktes. Weiter links die Goldbergspitze, rechts der Goldzechkopf.

mit einer überraschend souveränen Rundsicht.
Die nächste Etappe ist kurz und führt am Nordwestgrat des Hocharn hinab in die Obere Jausenscharte und weiter am Firngrat bis zum Schneehorngipfel. Der weitere Abstieg in die Untere Jausenscharte erfordert einige Vorsicht bei der nordseitigen Umgehung eines markanten Gratabsatzes. Jenseits der Scharte geht's dann aber problemlos über die Arlthöhe hinweg in die Krumlkeesscharte mit dem neuen Otto-Umlauft-Biwak. Dort zweigt links (südlich) der Weg ins Große Fleißtal ab, auf dem man rasch aus der nackten Stein- und Schneelandschaft ins erste Grün zurückgelangt – und zu den ersten Autos, die an der Fleißkehre der Glocknerstraße die nahe Zivilisation ankündigen. Von dort bzw. von Heiligenblut gibt es übrigens eine direkte Busverbindung zum Ausgangspunkt Döllach.

Goldzechkopf (vorne) und Hocharn von der Pilatusscharte am Hohen Sonnblick, zu Beginn der hochalpinen Gratüberschreitung. Der Goldzechkopf ist links leicht zu umgehen.

46 Ankogel

Zwischen Gastein, Möll- und Maltatal

Österreich
Ankogel-Gruppe
3246 m
F/E

Talorte Mallnitz, 1190 m, am S-Portal des Tauern-Eisenbahntunnels; Bus zum AP Ghs. Alpenrose, 1275 m. – Malta, 838 m, im gleichnamigen Tal oberhalb Gmünd; EP Kölnbreinsperre, 1931 m, Mautstraße/Bus ab Gmünd.

Stützpunkte Hannover-Hs., 2722 m, DAV, auf der Arnoldhöhe, 0.15 Std. von der Bergstation der Ankogel-Seilbahn, 5 Std. vom Whs. Alpenrose.

Aufstieg Über Kl. Ankogel, 3097 m, und SW-Grat (I).

Abstieg Über das Kleinelendkees zur Osnabrücker H. (I).

Talabstieg Zur Kölnbreinsperre.

Zeiten Aufstieg 3 Std.; Abstieg 2–2.30 Std., Talabstieg 1.45 Std.

Charakter Einfache Gletschertour über die beiden Normalwege, die jeweils am Gipfelaufbau kurze Kletterei erfordert; mark. bzw. auf den Firnstrecken meist gespurt. – Beim Abstieg nach Osten quert man eine kurze Spaltenzone, die Seilsicherung erfordert.

Hinweis Rückkehr von der Osnabrücker H. zum AP am besten über die Großelendscharte, 2674 m, 4 Std. von Hütte zu Hütte (bez. Weg).

Führer Buchenauer/Holl: AVF Ankogel- und Goldberg-Gruppe, Rother, München.

Karten AV 44, Hochalmspitze – Ankogel, 1:25000. – ÖK 155, Markt Hofgastein, und 156, Muhr, 1:50000.

Nicht ganz so hoch wie die Hochalmspitze nebenan, weniger spitz und etwas mehr »Alm«, das ist der Ankogel, der zweite große Berg am Ostrand der Hohen Tauern. Beide sind stattliche Dreitausender, großflächig vergletschert, geschlossen im Aufbau und ausgedehnt im Panorama. Dennoch ist der Ankogel mit seinem sanften Pultdach im Nordosten und den breiten, zum Lassacher Kees abstreichenden Rücken im Südwesten vielen Bergsteigern zu anspruchslos.
Aber was des einen Leid, ist des anderen Freud, genau wie der schnelle Zubringer zum Ankogel-Aufstieg, die Seilbahn von Mallnitz bis unters Hannover-Haus. Konsequente Fußgänger, die den Ankogel vom Gasthaus Alpenrose im verträumten Seebachtal angehen, nächtigen meistens in der geräumigen DAV-Hütte; eilige Seilbahnfahrer, die in der Früh mit der ersten Gondel emporschweben, lassen hingegen das Haus im wahrsten Sinn des Wortes links liegen und versuchen, im dichten Netz von Wegabzweigungen den richtigen Anschluß zum Goslarer Weg zu finden.
Der Nummer 502 folgend, geht's dann zunächst ostwärts in Richtung Großelendscharte, bis der Wegweiser hinter dem Felsriegel der Grauleitenwand den Ankogel-Aspiranten die entscheidende Linksabzweigung zum Lassacher Kees anzeigt. Über eine Art Seitenmoräne und teilweise über Firn erreicht man so unfehlbar die Radeggscharte (2875 m), wo sich der Ankogel zum ersten Mal richtig zu erkennen gibt. Um Wanderer nicht mit dem Tiefblick in den düsteren Radeggkessel zu schrecken, führt der markierte Gipfelsteig bereits dicht unterhalb der Scharte nach rechts und windet sich in vielen Kehren ostwärts über Blockhalden zum Kleinen Ankogel empor (3090 m).
Der große Bruder hat sich aus dieser Perspektive mittlerweile drastisch zugespitzt. Dennoch hat die letzte Etappe (nach Überquerung der verfirnten Ankogelscharte) nur harmlose Kletterei in der Ostflanke des Südgrats zu bieten, durch die man ohne alle Schwierigkeiten in kurzer Zeit das Gipfelkreuz erreicht.
Für den Abstieg zur Osnabrücker Hütte verfolgt man die abgeplatteten Gipfelfelsen des Ankogel nordostwärts, bis diese im Firn des Kleinelendkeeses verschwinden. Der Gletscher ist meist gut gespurt und im übrigen an seinem südlichen Rand nahezu spaltenlos.
Am Ende dieses unbeschwerten Gletscherbummels steht der Steinmann am Absatz P.2800; von da an geht's steil bergab, bis zum 500 Meter tiefer gelegenen Fallboden. Hier besteht nun die Möglichkeit, entweder auf dem Goslarer Höhenweg über die Großelendscharte in knapp 3 Stunden zum Hannover-Haus zurückzukehren oder neben dem tosenden Wasserfall ostwärts zur Osnabrücker Hütte hinunterzusteigen, zur Nahtstelle zwischen Ankogel und Hochalmspitze.

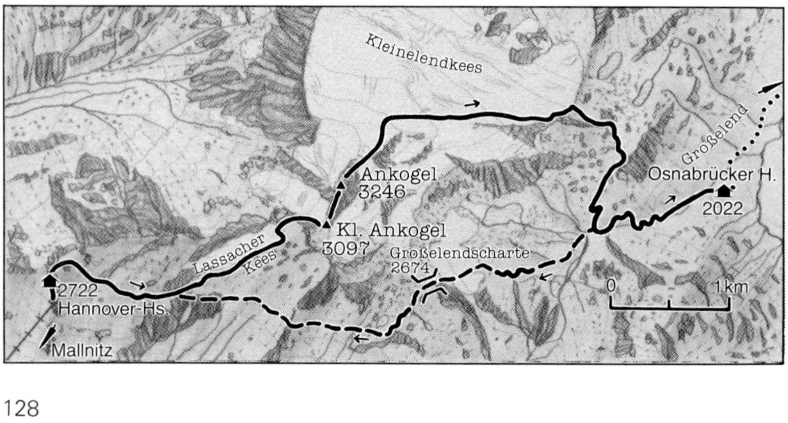

Der Ankogel von Westen. Rechts der flache Sattel des kleinen Ankogel, über den der Normalweg vom Hannover-Haus führt.

47 Hochwildstelle

Auf den Spuren des Erzherzogs Johann

Österreich
Schladminger Tauern
2747 m
F

Talorte AP Schladming, 750 m. – EP Aich, 694 m, im Ennstal; Fahrmöglichkeit mit Pkw bis zum Bodensee, 1149 m (Parkplatz).

Stützpunkte Preintaler H., 1657 m, Alp. Ges. Preintaler, auf der Waldhorn-A., 5–6 Std. von Schladming, 2.15 Std. von den Riesachfällen (Straße ab Schladming durch das Untertal). – H.-Wödl-H., 1528 m, AGP, im Seewigtal, 3 Std. von Aich, 1 Std. vom Bodensee.

Aufstieg Wildlochscharte – S-Grat (I+).

Abstieg Über NW-Grat – Kl. Wildstelle, 2577 m – Neualmscharte (Höfersteig) zur H.-Wödl-H. (I).

Talabstieg H.-Wödl-H. – Bodensee bzw. nach Aich.

Zeiten Aufstieg 3 Std.; Abstieg 2–3 Std., Talabstieg zum Bodensee 0.40 Std., nach Aich 1.30 Std.

Charakter Unschwierige Bergtour auf bez. Steigen; Trittsicherheit erforderl.

Hinweis Im Frühsommer Pickel und/oder Grödeln mitnehmen, da sich auf der N-Seite der Neualmscharte meist noch ein Schneefeld befindet.

Führer P. Holl: AVF Niedere Tauern, Rother, München.

Karten AV 45/3, Niedere Tauern III, 1:50000. – ÖK 127, Schladming, und 128, Gröbming, 1:50000.

In drei mächtigen Treppen senkt sich der Alpenhauptkamm von Österreichs höchstem Berg bis vor die Tore Wiens ab. Die ersten 500 Höhenmeter verliert er zwischen dem Großglockner und der Hochalmspitze; weitere 500 Meter niedriger sind die Gipfel in den westlichen Niederen Tauern, von denen es eine weitere Riesenstufe hinuntergeht auf eine Höhe um die 2000-Meter-Grenze.
Die letzten eindeutig hochalpinen Bergformen finden sich in den Niederen Tauern, im Abschnitt der Schladminger Tauern. Dort steht der mächtige, 2863 Meter hohe Hochgolling, und um ihn herum sind vier weitere Gipfel mit respektablen Höhen um 2750 Meter. Attraktivster Gipfel dieses Quartetts ist die je nach Blickrichtung spitze bis wuchtig breite Felspyramide der Hochwildstelle, die – wie der Hochgolling – auch noch ein kleines Firnfeld mit ihrem Schatten schützt.
Mit dem großen Nachbarn verbindet die Hochwildstelle zudem Alpingeschichtliches: 1814, noch drei Jahre vor der denkwürdigen Hochgolling-Besteigung, stand Erzherzog Johann auf diesem Gipfel. Hier wie dort waren ihm zwar Einheimische, deren Namen zum Teil nicht bekannt sind, zuvorgekommen – doch der entscheidende Anstoß zur Erschließung dieser Ostalpenregion ging von dem populären Prinzen aus, der in der Steiermark zu Hause war.
In den noch immer einsamen, idyllisch-öden Schladminger Tauern gehört die Hochwildstelle zu den wenigen Bergen, die häufiger erstiegen werden. Das ist sicher der Nähe zum großartigen Klafferkessel zuzuschreiben sowie der unmittelbaren Nachbarschaft des Tauernhöhenwegs und nicht zuletzt ihrer weit zum Ennstal hin vorgerückten Stellung, die sowohl Kalkriesen wie Dachstein und Grimming als auch den Tauernkamm deutlich hervortreten läßt. Natürlich sind

Vom Waldhorn zeigt sich die Hochwildstelle als wuchtige Gneispyramide. In der Tiefe versteckt steht die Preintaler Hütte, von der man über das stille Trattenkar (Bildmitte) zum rechts ansetzenden (Süd-)Grat ansteigt. Rechts im Hintergrund ist die Kalkbastion des Grimming zu erkennen.

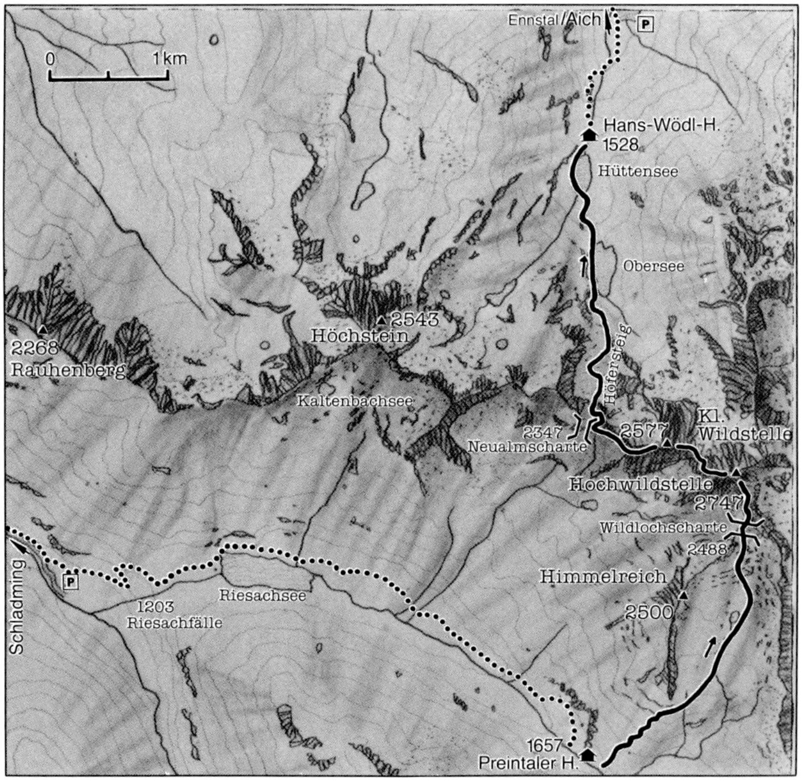

Die Hochwildstelle vom Höchstein. Nach vorn zieht der Nordwestgrat über die kaum ausgeprägte Kleine Wildstelle, nach links hinten der Nordostgrat. Vorne rechts der dunkle Pulverturm.

neben den charakteristischen Blockgraten und dunklen Gneiswänden auch hier überall Seen zu entdecken; genaue Karten verzeichnen zwischen Radstädter Tauernpaß und Sölkpaß weit über 300 große und kleine Lacken!

Die Überschreitung der Hochwildstelle, einst Abenteuer und Zeitvertreib des Erzherzogs, ergibt vom Tal aus eine reizende Zweitagestour; als Variante des Tauern-Höhenwegs, dessen Etappe zwischen Preintaler und Hans-Wödl-Hütte $^{1}/_{2}$ Kilometer unter dem Gipfel, unter der Kleinen Wildstelle entlang, verläuft, setzt sie den alpinen Schlußakzent vor dem Abstieg ins Ennstal. Nur alpine Dauerläufer nehmen sich für die Hochwildstelle einen einzigen Tag Zeit.

Den rauschenden Auftakt beim Anstieg zur Preintaler Hütte bilden die Riesachfälle, auf die das grüne Idyll des Riesachsees und der anschließenden Almböden folgt; spätestens beim letzten Steilstück unter der Hütte fließen die ersten Schweißtropfen. Die Route zur Hochwildstelle verläßt den Höhenweg schon kurz oberhalb der Hütte und zweigt ins weite, seengeschmückte Trattenkar ab. Vor der Wildlochscharte sind oft noch ein paar Schneereste zu queren, dann steht man am Ansatz des kurzen Südgrats, über dessen an einigen Stellen ausgesetzten Blockkamm man ohne große Schwierigkeiten in 1 Stunde zum Gipfel hinaufturnt.

Beim Abstieg entlang dem etwas breiteren und leichteren Nordwestgrat hält sich die markierte Route meist etwas links, unter der eigentlichen Grathöhe. Ohne Schwierigkeiten läßt sich übrigens die Kleine Wildstelle »mitnehmen«, bevor sich der Weg zur Neualmscharte absenkt. Autofahrer können von hier links hinunter direkt zum Riesachsee und ins Tal absteigen. Alle anderen wenden sich nach rechts, wo Könner über die Schneerinne unter der Neualmscharte auf den Schuhsohlen abfahren, während Wanderer die Schuttfelder rechts (östlich) benutzen sollten. Grünerlen und Graspolster sind beim Bummel zur Hans-Wödl-Hütte die Vorposten der Pflanzenwelt, die ansonsten im Ödland der Schladminger Tauern »dank« der sauren Böden der Tauerngneise allzu karg ist. Die Hütte mit ihren zwei großen Seen ist rasch erreicht – und mit ihr auch wieder ein wenig Rummel. Doch auch hier gibt es abseits des Weges noch viele wilde Stellen...

48 Grintavec und Skuta

In den stillen Kalkbergen Sloweniens

Jugoslawien
Steiner Alpen
2558 m
Kst

Mit den Steiner Alpen, den »Kamniške in Savinjske alpe«, so die slowenische Bezeichnung dieser Gruppe, endet der Zug der Südlichen Kalkalpen im Osten. Abseits vom großen Touristenstrom gelegen, ist dieser Gebirgsstock noch immer eine Oase der Ruhe und Einsamkeit. Daran konnte auch der absurd anmutende Sommerskibetrieb auf dem letzten Gletscherrest unter der Nordwand der Skuta wenig ändern.
Der große Erschließer der Steiner Alpen war der Grazer Professor Johannes Frischauf, der ab 1868 mit wissenschaftlicher Systematik die Berge und Täler um Grintavec, Skuta, Planjava und Ojstrica erforschte. Seine besondere Liebe gehörte dem großartigen Tal der Ravenska Kocna, über dem sich die Nordwände von Grintavec und Skuta aufbauen. Da er nicht an einen südseitigen Zugang zur Skuta glaubte, ließ er von Norden jenen Steig zum Mlinarsko sedlo anlegen, auf dem wir, nachdem wir zuvor im Rahmen unserer Überschreitung Steiganlagen aus jüngerer Zeit begangen haben, wieder absteigen.
Ausgangspunkt der langen Tour über den Hauptkamm zwischen Grintavec und Skuta ist die romantisch gelegene, ausgesprochen gemütliche und von einem freundlichen Wirt versorgte Tschechische Hütte (Češka koča). Erstes Zwischenziel ist die Dolška škrbina (2317 m), eine unscheinbare Scharte zwischen dem Jezersko Kočna und dem Grintavec, zu der ein stellenweise ausgesetzter, aber gut gesicherter Steig hinaufführt. Im oberen Teil dieser Strecke hat man prächtige Einblicke in die Nordwände dieser beiden Berge. An der Dolška škrbina ist eine erste Entscheidung zu treffen: Reichen Zeit und Kondition, so läßt sich mit rund 1 Stunde Mehraufwand der aussichtsreiche Gipfel der Jezesko Kočna (2530 m) mitnehmen, wobei ein originelles, jedoch unschwieriges Kriechband die Schlüsselstelle bildet.

Talort Jerzesco, 880 m, im gleichnamigen Tal südl. der österr. Grenze, Straße/Bus von Kranj, Straße von Kärnten über den Seebergsattel; AP/EP Makek, 960 m, südöstl. Jerzersko, Straße von dort (Parkplatz).

Stützpunkt Češka koča (Tschechische H.), 1540 m, PZS, nördl. des Grintavec, 2 Std. von Makek auf gutem Steig.

Aufstieg Über Dolška škrbina und W-Kamm zum Grintavec (Klettersteig). – Gratüberschreitung Grintavec – Mlinarsko sedlo, 2334 m, Dolgi hrbet (der lange Rücken), 2470 m – Skuta, 2532 m.

Abstieg Skuta – Mali Podi (kleine Böden) – Mlinarsko sedlo – Češka koča.

Talabstieg Nach Makek.

Zeiten Aufstieg 3.30 Std.; Gratüberschreitung zur Skuta 3.30 Std.; Abstieg über Mali Podi – Mlinarsko sedlo 2 Std., Talabstieg 1 Std.

Charakter Lange Überschreitung der beiden herausragenden Berggestalten in den stillen Steiner Alpen, fast durchwegs auf ges. Steiganlagen, zum Teil sehr luftig und ausgesetzt; Abstieg zur H. etwas steinschlaggefährdet.

Hinweis Ab Dolška Škrbina lohnender Klettersteig auf die nahe Jerzesko Kocna, 2530 m, 1 Std. für Hin- und Rückweg.

Führer Schöner/Brandstädter: Gr. Führer Julische Alpen, Rother, München. – Heindl/Werner: Klettersteigführer Julische und Steiner Alpen mit Karawanken und Karnischem Hauptkamm, Rother, München.

Karten ÖK 212, Vellach, 1:50000. – Jugosl. Wanderkarte Kamniske in Savinjske Alpe, und Karawanken, mittl. Teil und Grintovici, 1:50000. – FB 47, Ostkarawanken und Steiner Alpen, 1:100000.

Die Route zum Grintavec folgt von der Scharte nach Osten zu einem Zakkengrat, der sich bald in der mächtigen Westflanke des Grintavec verliert. Über Schotter und leichte Felsen geht es dann ohne Probleme zum Gipfel und höchsten Punkt der Steiner Alpen hinauf. Kein Hindernis versperrt den Blick nach Süden, wo im Vordergrund die chaotischen Karstformationen der Podi gleichermaßen faszinieren und verwirren und wo sich am südlichen Horizont im Dunst das Laibacher Becken ahnen läßt.

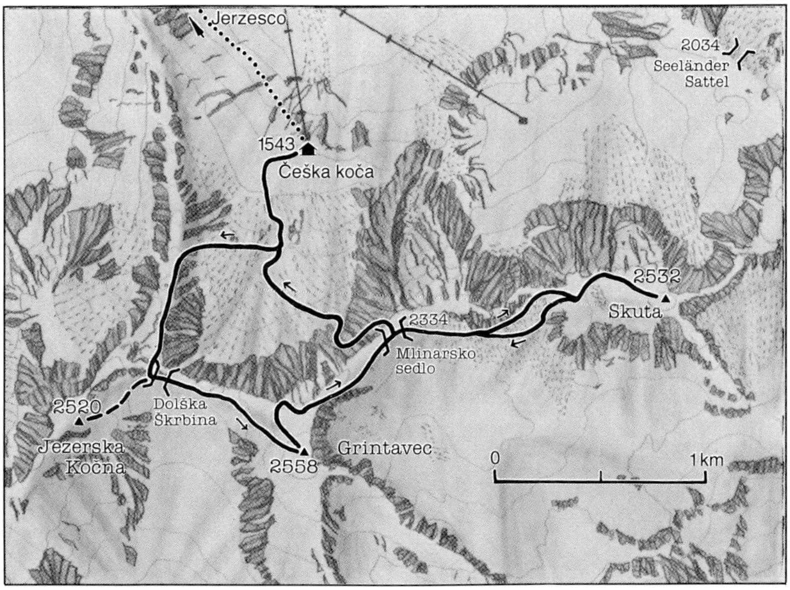

Ein weiterer Zackengrat leitet – gut gesichert und markiert – vom Grintavec in unterhaltsamem Auf und Ab zur flachen Einschartung des Mlinarsko sedlo. An dieser Stelle kommt von Süden der Weg von der Čojzova koča herauf, links verschwindet die Route zur Česka koča in die Tiefe. Der folgende rassige Grataufstieg auf den Dolgi hrbet läßt den Puls schneller schlagen, aber auf diesem herrlichen Rastpunkt kann er sich bald wieder beruhigen. Fast waagrecht leitet nun ein Wirrwarr von Türmchen, Zacken und engen Scharten in östlicher Richtung weiter. Manchmal kann man sich gar nicht vorstellen, wie die Route verlaufen soll, aber immer tut sich ein neuer Durchschlupf auf. Nach einer letzten engen Scharte und einer steilen Drahtseilpassage erreicht man offenes Gelände, über das ein Schuttsteig zum Gipfel der Skuta, der »Einsamen«, hinaufzieht. 6 Stunden sind bis hier ein guter Standard, 2 Stunden dauert noch der Rückweg.

Vom Gipfel geht es auf dem Anstiegsweg zurück, bis die Markierungen in südwestlicher Richtung ziemlich steil zu den Podi hinunterzeigen. Auf diese Weise umgeht man die Gratstrecke unter den Südabbrüchen des Dolgi hrbet und gelangt wieder zum Mlinarsko sedlo. Der steile und bisweilen auch steinschlaggefährdete Abstiegsweg nach Norden ist ein Musterbeispiel dafür, wie geschickt die Erbauer dieser Steiganlage vor mehr als 100 Jahren alle natürlichen Gegebenheiten ausnützten. Unwillkürlich kommen einem da moderne Eisenwege in den Sinn, die ohne Rücksicht auf Felsstrukturen und mit einem Riesenaufwand an Leitern und Stiften in die Höhe ziehen. – Ein letztes Schneefeld führt hinunter ins weite Kar, und ein Steiglein zurück zur gastlichen Česka koča.

Bei diesem Blick vom Anstiegsweg zur Dolška škrbina verdeckt zwar der Felskamm des Dolgi hrbet die Skuta – und die Perspektive verkürzt den langen Grat –, um so besser aber ist im Vordergrund die für den Abstieg wichtige Felsflanke unter dem Mlinarsko sedlo zu sehen. Alpine Pfadfinder erkennen schnell den ungefähren Verlauf des Wegs, den Johannes Frischauf vor über 100 Jahren auf dem Bändersystem anlegen ließ. Auf dem Geröllfeld rechts unten hebt sich die Trasse des Wegs deutlich ab.

Eine gemütliche Atmosphäre und freundliche Wirtsleute, aber keinerlei Luxus finden Bergsteiger auf der kleinen Česka koča vor, deren Dachschopf an die Bauernhäuser dieser Gegend erinnert. Die von Latschenfeldern durchsetzte Flanke im Hintergrund gehört zum großen Kar unter der Skuta und läßt den flachen Einschnitt des Seeländer Sattels ahnen.

49 Mangart

Eisenwege im Kalk der Julischen

Jugoslawien/Italien
Julische Alpen
2678 m
Kst

Talorte Log pod Mangrtom, 825 m, im Koritnicatal, Straße/Bus von Bovec. – Raibl (ital. Cave del Predil), 900 m, im Valle Rio di Lago, einem Seitental des Kanaltales (Straße). – Fusine, 936 m, im Val Romana, Straße von Tarvisio im Kanaltal.

Stützpunkte Mangart-H. (Koča na Mangrtskem sedlu), 1906 m, PZS, an Wochenenden bew., an der Mangartstraße. – Biv. Nogara, 1850 m, CAI, am Beginn des ital. Klettersteigs (Via Italiana), 2.30 Std. vom Ob. Weißenfelser See (Lago Sup. di Fusine), von Fusine Straße bis zum See.

Aufstieg Über den slowenischen Klettersteig (»slow. smer«) durch die W-Wand.

Abstieg Normalweg über oberen Teil des O-Grats und durch N-Flanke zurück zur Mangartstraße.

Zeiten Aufstieg von der Mangart-H. 2.20 Std., vom Ende der Straße 2 Std.; Abstieg 1–1.30 Std.

Charakter Eindrucksvoller, technisch unschwieriger Eisenweg durch die wilde und steile W-Wand dieses herausragenden Grenzbergs.

Hinweis Neben dem slowenischen Klettersteig führt die Via Italiana durch die senkrechte N-Wand und mündet in den Normalweg; sehr ausgesetzt, nur für erfahrene Klettersteiggeher. – Slowenischer Weg teilw. steinschlaggefährlich. – Mangartstraße 1987 nach Erdrutschen nicht mehr bis zum Endpunkt befahrbar! Daher evtl. längere Anmarschzeiten zum Einstieg; im Tal nach Zustand der Straße erkundigen.

Führer Schöner/Brandstädter: Gr. Führer Julische Alpen, Rother, München. – Werner/Heindl: Klettersteigführer Julische und Steiner Alpen mit Karawanken und Karnischem Hauptkamm, Rother, München.

Karten PZS, Julische Alpen, Westl. Teil, 1:50000. – FB 14, Julische Alpen, 1:100000.

Die Kalkbastion des Mangart, der mit seinen 2678 Metern zu den höchsten Bergen der Julischen Alpen zählt, ist seit 1945 Grenzberg zwischen Italien und Jugoslawien. Diese Staatsgrenze führte dazu, daß heute von beiden Seiten Klettersteige auf den Mangart führen. Die beiden Eisenwege unterscheiden sich gründlich voneinander: hier der slowenische durch die Westwand des Gipfelaufbaus, relativ kurz und nicht allzu schwierig, dort der italienische durch die Nordwand, deut-

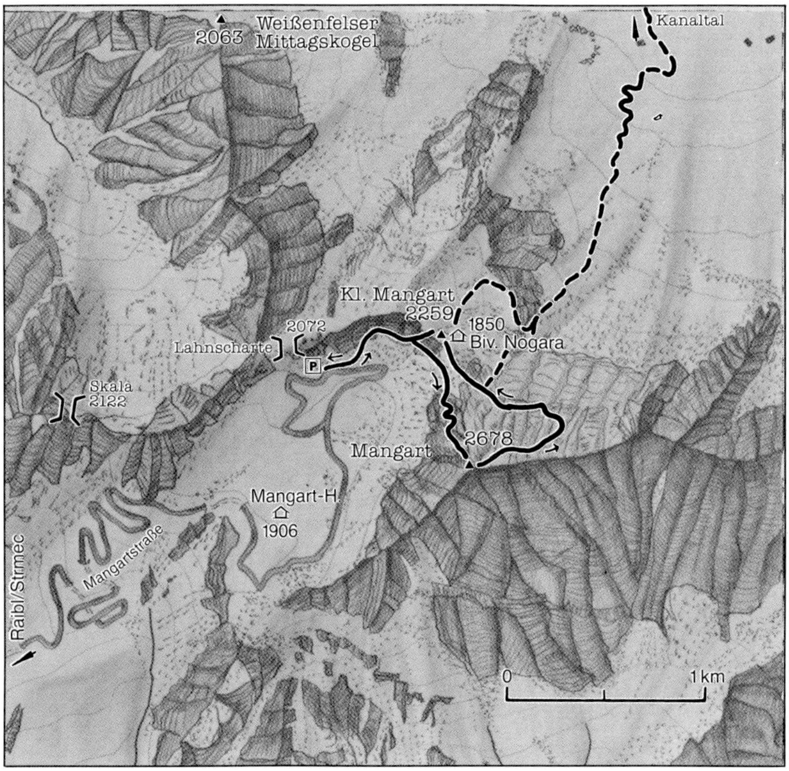

lich länger und teilweise extrem ausgesetzt.
Den Ausgangspunkt für den Slowenischen Weg erreicht man über die 12 Kilometer lange Mangartstraße, die 1½ Kilometer östlich des Grenzübergangs am Predilpaß beginnt und sich bis in 2000 Meter Höhe hinaufschlängelt (siehe »Besonderer Hinweis«). Vom Straßenende steigt man auf der markierten Normalroute bis an den Fuß des mächtigen Gipfelaufbaus, wo der auf einen Felsen gepinselte Hinweis »slow. mer« die Wege teilt.
Der Auftakt im Fels ist vielversprechend: Auf einer steilen, luftigen Rampe mit künstlich herausgehauenen Stufen und der anschließenden Rippe geht es gleich rasch empor. Dann leiten Drahtseile nach links quer durch eine Schlucht und über einen Felssporn aufwärts zu einer mit Geröll und Blöcken gefüllten Rinne. Diese steinschlaggefährdete Passage ist mit der erforderlichen Vorsicht, aber doch zügig zu durchsteigen. Man erreicht so schrofiges Gelände und entdeckt linker Hand durch einen versteckten Felsspalt den unerwarteten Weiterweg. Aus einem kleinen Kessel leiten letzte Drahtseilsicherungen zur breiten, schotterbedeckten Gipfelkuppe empor. Der Grenzstein und das Kreuz auf italienischer Seite lassen einem die Wahl, ob man die Gipfelrast in Jugoslawien oder in Italien verbringen will – in beiden Ländern rastet's sich gleich gut ...
Beim Abstieg, der zunächst am Ostgrat entlangführt, hat man herrliche Ausblicke auf die Östlichen Julier mit der markanten Pyramide des Špik, der mächtigen Škrlatica und dem schaufelförmigen Gipfel des Triglav. Die Markierungen führen ein Stück über italienischen Boden und leiten dann wieder zur Abzweigung des Slowenischen Wegs zurück.

Der wuchtige Gipfelaufbau des Mangart. In seiner logischen Linienführung folgt der Slowenische Weg der diagonal durch die rechte Bildhälfte ziehenden Rinne.

50 Triglav

Tominšek-Weg – Normalweg

Jugoslawien
Julische Alpen
2864 m
F/Kst

Talort AP/EP Mojstrana, 641 m, im Savetal 10 km westl. Jesenice (Bahnstation) an der Straße Kranjsk Gora – Kranj.

Stützpunkte Aljažev dom (Aljaž-Hs.), 1015 m, PZS, im Vratatal, von Mojstrana auf 12 km langer Straße mit Kfz erreichbar. – Dom Valentina Staniča pod Triglavom (ehem. Deschmann-Hs.), 2323 m, PZS; auf dem Hochplateau des Triglav, 4.30 Std. vom Alhaž-Hs. über den ges. Tominšek-Weg. – Triglavski dom na Kredarici (Triglav-Hs.), 2515 m, PZS, 1 Std. vom Dom V. Staniča über die Kredarica.

Aufstieg Vom Aljaž-Hs. über das Dom V. Staniča, Tominšek-Weg und Normalweg über den O-Grat des Gipfelaufbaus.

Abstieg Über O-Grat und Prag-Weg zum Aljaž-Hs.

Zeiten Aufstieg 6 Std.; Abstieg 3.30–4 Std.

Charakter Unschwieriger, klassischer und häufig begangener Aufstieg zum höchsten Gipfel Jugoslawiens und der Julischen Alpen in ausgesprochen eindrucksvoller Umgebung.

Hinweis Lange Tagestour, die sich dank der beiden Schutzhäuser auf dem Triglavplateau auch auf zwei Tage verteilen läßt. – Am Tominšek-Weg im oberen Teil Steinschlaggefahr. – Auf dem Triglavplateau halte man sich besonders bei Nebel strikt an die Farbmark. – Auch als Rundtour von und bis Aljaž-Hs. möglich (siehe »Hüttenwandern 1«, Tour 49).

Führer Schöner/Brandstädter: Gr. Führer Julische Alpen, Rother, München. – Heindl: Klettersteigführer Julische und Steiner Alpen mit Karawanken und Karnischem Hauptkamm, Rother, München.

Karten PZS Julische Alpen – Triglav, 1:20000. – PZS Julische Alpen, Östl. Teil, 1:50000. – FB 14, Julische Alpen, 1:100000.

Fast in jedem Sommer findet sich in mitteleuropäischen Tageszeitungen unter der Rubrik »Vermischtes« eine Meldung über den Massenansturm von Bergsteigern auf den Montblanc. Mehr als 400 Menschen sollen sich demnach schon auf dem höchsten Berg der Alpen an einem einzigen Tag

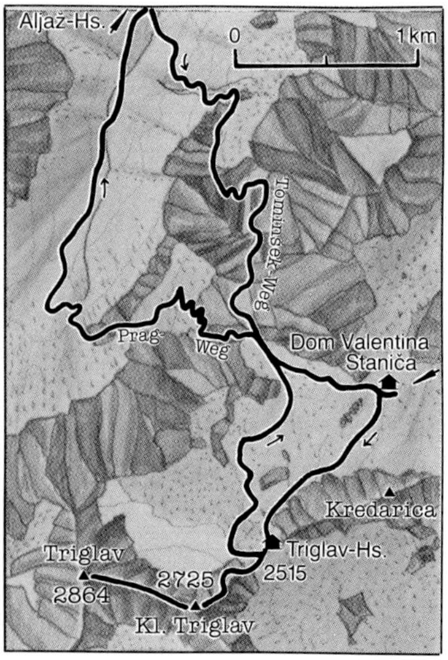

gedrängelt haben! Wenn dem Triglav auch rund 2000 Meter zur Höhe des Montblanc fehlen, so dürfte der höchste Berg Jugoslawiens jenen doch in dieser speziellen »Rekordliste« deutlich hinter sich lassen.

Die Kombination unterschiedlicher Voraussetzungen bzw. Fakten muß zwangsläufig diesen Andrang zur Folge haben. Es sind dies: 1. die südländisch überschäumende Begeisterung, mit der die Bergsteiger Jugoslawiens in die Berge ziehen; 2. die Tatsache, daß Trittsichere und Schwindelfreie gleich auf mehreren Routen relativ gefahrlos den sagenumwobenen und eindrucksvoll gebauten Gipfel erreichen können; 3. der Stolz des Patrioten, einmal den höchsten Punkt der Heimat bzw. des Vaterlandes zu betreten.

Als abwechslungsreichste Route unter den Normalwegen gilt bei Kennern der Tominšek-Weg, der sich aus dem Vratatal über die Nordwestflanke des Begunjiski vrh emporwindet und auf das Hochplateau mündet, über dem sich der mächtige Gipfelaufbau des Triglav erhebt. Ausgangspunkt für diese lange und mit 1800 Höhenmetern anstrengende Tour ist das Aljažev dom im obersten Vratatal, das man mit dem Auto von Mojstrana auf einer gut befahrbaren Naturstraße bequem erreichen kann.

Am bekannten Partisanendenkmal mit seinem überdimensionalen Karabiner schwenkt man links ab, folgt der deutlichen Markierung und hat nun zuerst einen ziemlich steilen, bewaldeten Hang zu ersteigen, bevor der Weg endgültig in felsiges Gelände überleitet. Luftige Bänder, Rampen und Rinnen wechseln einander ab, und unversehens nimmt man die Höhe bzw. Tiefe wahr, wenn man waagrecht hinüberschauen kann in die von Riesenpfeilern, Plattenschüssen und Schluchten geformte senkrechte Triglav-Nordwand. An kurzen ausgesetzten Wegpassagen sorgen solide verankerte Drahtseile für Sicherheit und Beruhigung der Nerven. Eine Besonderheit dieses Anstiegs besteht darin, daß der Höhengewinn im 100-Meter-Abstand jeweils an den Fels geschrieben wurde – nach jeder $^1/_4$ Stunde solch eine Marke, und das Tempo stimmt.

Rund 3 Stunden nach dem Aufbruch im Tal erreicht der Steig jene weitläufige Karsthochfläche, deren südlichen Winkel der Triglavgletscher bedeckt. Hier kommen Tominšek- und Prag-Weg zusammen und führen gemütlich das letzte Stück hinüber zum großen Triglav-Haus auf der Kredarica. So verlockend eine ausgedehnte Rast an dieser Stelle und zu diesem Zeitpunkt auch erscheinen mag – Gipfelstürmer halten sich hier angesichts

Schwachstellen in den felsigen Flanken des Triglav ermöglichen auch trittsicheren und schwindelfreien Bergwanderern den Aufstieg bis zum Gipfel. Vor dem Blick in haltlose Tiefen bewahren die Hochflächen um den Gipfelaufbau. Das Bild entstand am Bamberg-Weg auf der Südseite des Bergs.

des »nur« noch 350 Höhenmeter entfernten Gipfels nicht mehr lange auf. Auf gut gesicherter und nicht zu verfehlender Route klettert man also weiter über den Ostgrat auf den Mali Triglav und über ein letztes Gratstück zum geräumigen Gipfel mit seinem weithin sichtbaren roten Blechturm, dem Aljaž stolp. Die Aussicht vom Triglav, der in weiter Runde alle überragt, ist großartig und zeigt jenen Besuchern, die es gewohnt sind, beim Gipfelrundblick die meisten Berge im Süden zu sehen, völlig neue und oft überraschende Perspektiven: die Dolomiten im Westen, den Alpenhauptkamm mit Niederen und Hohen Tauern im Norden bzw. Nordwesten, im Osten der Dunst über dem Becken von Laibach.

Der Abstieg ist bis zur Wegteilung von Tominšek- und Prag-Weg mit der Anstiegsroute identisch. Mit müden Beinen ist nun der einfachere und kürzere Prag-Weg für den weiteren Abstieg vorzuziehen (der Name bedeutet übriens »Schwelle« und hat nichts mit der tschechischen Hauptstadt zu tun). Gut markiert und an einigen Stellen ebenfalls gesichert, leitet der Steig ziemlich gerade hinunter ins Vratatal. Bevor er den Talboden erreicht, biegt er noch einmal nach Südwesten, um so dem plattigen unteren Teil des teilweise grasbewachsenen Wandgürtels auszuweichen. Wen die Beine bis hierher getragen haben, der schafft auch die restliche $^1/_2$ Stunde am Bach entlang zum Aljažev dom und zum Parkplatz. Ein Glückspilz, wer dann nicht mehr aufs Gaspedal treten muß!

Der Triglav überragt sämtliche Gipfel der Julischen Alpen – nicht nur hinsichtlich seiner absoluten Höhe. Die Gipfelpyramide über den charakteristischen Hochflächen bildet von allen Seiten einen eindrucksvollen Blickfang. Links unter dem Gipfel ist der Rest des Triglavgletschers zu sehen, am Grat oberhalb das Triglav-Haus. Der Normalweg kommt von links zum Triglav-Haus und über den verdeckten Ostgrat zum Gipfel. Der etwas anspruchsvollere Bamberg-Weg erreicht vom Luknjasattel die Böden südwestlich unter dem Gipfelaufbau und gelangt von rechts her zum höchsten Punkt. Im Vordergrund unten das Pogacnik-Haus, dahinter der Grat des Bovski Gamsovec, der die riesige Triglav-Nordwand verdeckt.

Wichtige Hinweise

Dieses Buch wendet sich – so steht es im Vorwort – an den erfahrenen Bergsteiger; man sollte daher glauben, daß Hinweise für richtiges Verhalten beim Bergsteigen an dieser Stelle überflüssig sind. Die Schrekkensbilanz von rund 1000 Bergsteigern und -wanderern, die in den Alpen jedes Jahr bei Unfällen ums Leben kommen, widerspricht dieser Ansicht. Unter dieser großen Zahl von Bergtoten befinden sich nämlich keineswegs nur leichtsinnige »Halbschuhtouristen« oder todesverachtende Extremkletterer, sondern auch nicht wenige sogenannte erfahrene Bergsteiger. Bei genauerer Betrachtung vieler Unglücksfälle stellt sich allzuoft heraus, daß die größten Risiken für Leib und Leben des Bergsteigers nicht so sehr in dessen eigener physischer Beschränktheit oder im allgemein bekannten Bereich der objektiven Gefahren zu suchen sind, sondern viel häufiger in Unwissen, Selbstüberschätzung, Ignoranz und Leichtsinn.

Schier endlose Karawanen auf vielen berühmten Routen mögen eine der Ursachen für manchen Verhaltensfehler sein, die maßlose Überschätzung der eigenen Fähigkeiten und gleichzeitige falsche Bewertung der Schwierigkeiten zwei weitere. Bergsteigen ist keineswegs – wie es so oft von sensationsgierigen Leuten dargestellt wird – ein ständiges Spiel mit dem Tod –, und doch kann hier auch ein kleiner Fehler bereits fatale Folgen haben. Bergsteigen muß man lernen – in der Praxis! Nur dort holt man sich seine Erfahrungen und kann die Gefahren verringern – ganz ausschalten lassen sie sich allerdings nie!

Es geht auf diesen beiden Seiten nicht um Knoten, spezielle Sicherungs- oder Klettertechniken im Detail, sondern um alpine Erfahrungen, die jeder Bergsteiger mit Verstand gesammelt hat und zu verwerten weiß.

Jede Tour beginnt mit einer vernünftigen Vorbereitung. Wer sich von diesem Buch zu der einen oder anderen Route auf einen klassischen Alpengipfel anregen läßt, sollte sich daher unbedingt mit der angegebenen Führerliteratur befassen und die empfohlene Karte studieren. Bereits bei der Auswahl der Touren hat man Charakter, Länge und Schwierigkeit zu berücksichtigen; als Anhaltspunkte dienen dazu in diesem Buch die Angaben in der Oberzeile, wo man auf einen Blick erkennt, ob es sich um eine leichte Bergtour (LBT), einen Klettersteig (Kst), eine Eistour (E), eine Felstour (F) oder eine kombinierte Tour (E/F) handelt. Der Charakter einer Tour ist unter einem eigenen Stichwort kurz dargestellt, so daß jeder Leser schnell den Unterschied zwischen einer Muttler- und einer Piz-Rosag-Besteigung erkennt.

Zur Vorbereitung einer Tour gehört es auch, über mehrere Tage den Wetterbericht und die Wetterentwicklung zu verfolgen. Selbstverständlich hat man Angehörige oder Freunde über das Ziel zu informieren. Wenn vor der Tour in einer Hütte übernachtet wird, sollte man unbedingt mit dem Hüttenwirt das Unternehmen besprechen: er kennt die Zustände und Verhältnisse in den Routen, weiß über Besonderheiten Bescheid, kann Tips für den Abstieg geben. Die bergsteigerische Kompetenz dieser Leute wird von vielen Alpinisten aus reiner Überheblichkeit nur zu gern unterschätzt!

Nur einige wenige Sätze sollen an dieser Stelle zum Bereich der Ausrüstung geschrieben werden; auch hier gilt es, aus den Erfahrungen zu lernen, sinnvolle Neuerungen – die zum Beispiel im Bekleidungssektor zu großen Gewichtseinsparungen geführt haben – aufzugreifen, überflüssigen Schnickschnack als solchen zu erkennen, aber stets das Notwendige dabei zu haben (das ist in der Regel schwer genug!). Die perfekte Ausrüstung hat zwar schon so manchen Bergsteiger in Notsituationen vor der Katastrophe bewahrt, andererseits darf sich niemand vorgaukeln, daß das Mitführen von Pickel, Steigeisen und Seil etwa bei einer Gletscherbegehung vor dem Spaltensturz schützt! Die Anwendung der Hilfsmittel hat man zu beherrschen! Wer sich darin nicht von einem erfahrenen Freund unterrichten lassen kann, absolviere unbedingt einen Kurs in einer der vielen Bergsteigerschulen oder in einer Alpenvereins-Sektion.

Nur wer so gut vorbereitet eine Tour angeht, daß er sie konditionell und technisch ohne Probleme meistert, wird auch Freude und Befriedigung an der Unternehmung haben. Als Probleme sind dabei keineswegs jene gesunde Angst und jenes spannungsgeladene Zittern an ausgesetzten Passagen gemeint, deren Überwindung stets zu den wichtigsten Momenten jeder großen Tour gehören, sondern das Erreichen absoluter Grenzsituationen, die niemals bewußt angegangen werden dürfen!

Da man auf den Routen zu den bekannten, klassischen Alpengipfeln nur bei sehr ungewöhnlicher Terminplanung als einzige Seilschaft unterwegs sein dürfte, kann es auf diesen Anstiegen leicht zu Stauungen wie im Ferienreiseverkehr kommen. Wer während einer Tour mit deutlich schnellerem Tempo zu Vorgängern aufschließt, hat durchaus das Recht zu überholen. Auf den entsprechenden Wunsch sollte man allerdings höflich hinweisen und eine geeignete Stelle abwarten. Es sollte selbstverständlich sein, daß eine Seilschaft einer schnelleren den Vortritt läßt!

Der oft zitierte Satz »Geschwindigkeit ist Sicherheit« gilt beim Bergsteigen in den Alpen nur unter der Einschränkung, daß das Tempo stets der Sicherheit untergeordnet ist. Auch die Zeit des frühmorgendlichen Aufbruchs hat mit der Sicherheit zu tun. Bei großen Gletschertouren ist es kei-

neswegs immer eine Marotte des Hüttenwirts, wenn er die Bergsteiger vor Tagwerden auf den Weg scheucht: Nur dann findet man beim Anstieg harten Firn vor, der schnelleres Höhersteigen ermöglicht, und vermeidet es, durch einen aufgeweichten Schneesumpf absteigen zu müssen. Außerdem werden Spaltenbrücken mit zunehmender Dauer der Sonneneinstrahlung immer labiler und unzuverlässiger.
Bei den Routen im Alpenhauptkamm kommt man mit Granit und Gneis in Berührung; sehr oft lassen sich dann auch auf den Normalwegen längere Passagen nur in mehr oder weniger schwieriger Kletterei überwinden. Wer Klettern im Kalk der Nördlichen oder Südlichen Alpengruppen gewöhnt ist, wird sich in Granit und Gneis umstellen müssen: Die Felsstruktur ist unvergleichlich gröber, geschlossener, bietet weniger Griff- und Trittmöglichkeiten; andererseits ist die Oberfläche des Gesteins meist rauher, so daß man sehr häufig auf Reibung gehen kann bzw. muß. Insgesamt ist bei Kletterei in Granit und Gneis die Belastung der Arme durch kräfteraubende Züge höher, also anstrengender als im Kalk, wo man mit guter Beinarbeit die Arme weitgehend entlasten kann. Zur Kletterei gehört selbstverständlich auch das Beherrschen der modernen Sicherungstechniken (Informationen dazu bietet die entsprechende Fachliteratur).
An steilen Stellen im Eis ist die richtige Anwendung von Eispickel und Steigeisen von größter Wichtigkeit. Die Sicherungsmethoden hängen hier stets von den Firn- bzw. Eisverhältnissen ab; als Sicherungspunkte kommen bei guten Eisverhältnissen nur Rohreishaken, -spiralen und -schrauben in Frage; das haben Versuche des DAV-Sicherheitskreises ergeben. Diese wichtige Institution hat sich auch mit der Gefahr des Mitreißens von Seilgefährten beim gleichzeitigen Gehen im steilen Firn beschäftigt, mit dem Ergebnis, daß in diesem Gelände ein Sturz nicht gehalten werden kann, man also entweder regelrecht sichert oder aber seilfrei geht. (Über neue Erkenntnisse in der Sicherungstechnik informieren regelmäßig die alpinen Zeitschriften.)
Zum Schluß sei auf die entscheidende Tugend hingewiesen, die es ermöglicht, auch als Bergsteiger mit anspruchsvolleren Zielen zu »überleben« und »alt« zu werden: Der Mut zur Umkehr ist keineswegs ein Ausdruck von Feigheit, sondern vielmehr von Vorsicht und Vernunft!

Erläuterung der Abkürzungen

bez.	bezeichneter, markierter Steig oder Weg
ges.	mit Drahtseilen, Eisenstiften bzw. -klammern oder Leitern gesicherter Steig in felsigem Gelände
AVS	Alpenverein Südtirol
CAI	Club Alpino Italiano
DAV	Deutscher Alpenverein
ÖAV	Österreichischer Alpenverein
SAC	Schweizer Alpen-Club
ÖAK	Österreichischer Alpen-Klub
AAC	Akademischer Alpen-Club
PZS	Slowenischer Bergsteigerverband
TVN	Touristenverein »Naturfreunde«

Landkarten von:

FB	Freytag-Berndt-Wanderkarte
AV	Alpenvereinskarte (DAV/ÖAV)
IGC	Istituto Geografico Centrale, Torino
TCI	Touring Club Italiano, Servizio Cartografico, Milano
LKS	Landeskarte der Schweiz
ÖK	Österreichische Karte

Symbole in Karten und Anstiegsskizzen

	Paß, Joch, Sattel (in Karten)
	Kamin (in Anstiegsskizzen)
	Rinne
	Verschneidung
	Platte
	Band
	gesicherter Wegabschnitt
	Abseilstelle
	gestufter Fels
	Scharte (in Anstiegsskizzen)
	Bergschrund, Randspalte
	Hüttenzustieg (in Karten)
	Variante, alternative Route (in Karten)
	sichtbare Route (in Anstiegsskizzen)
	verdeckte Route (in Anstiegsskizzen)

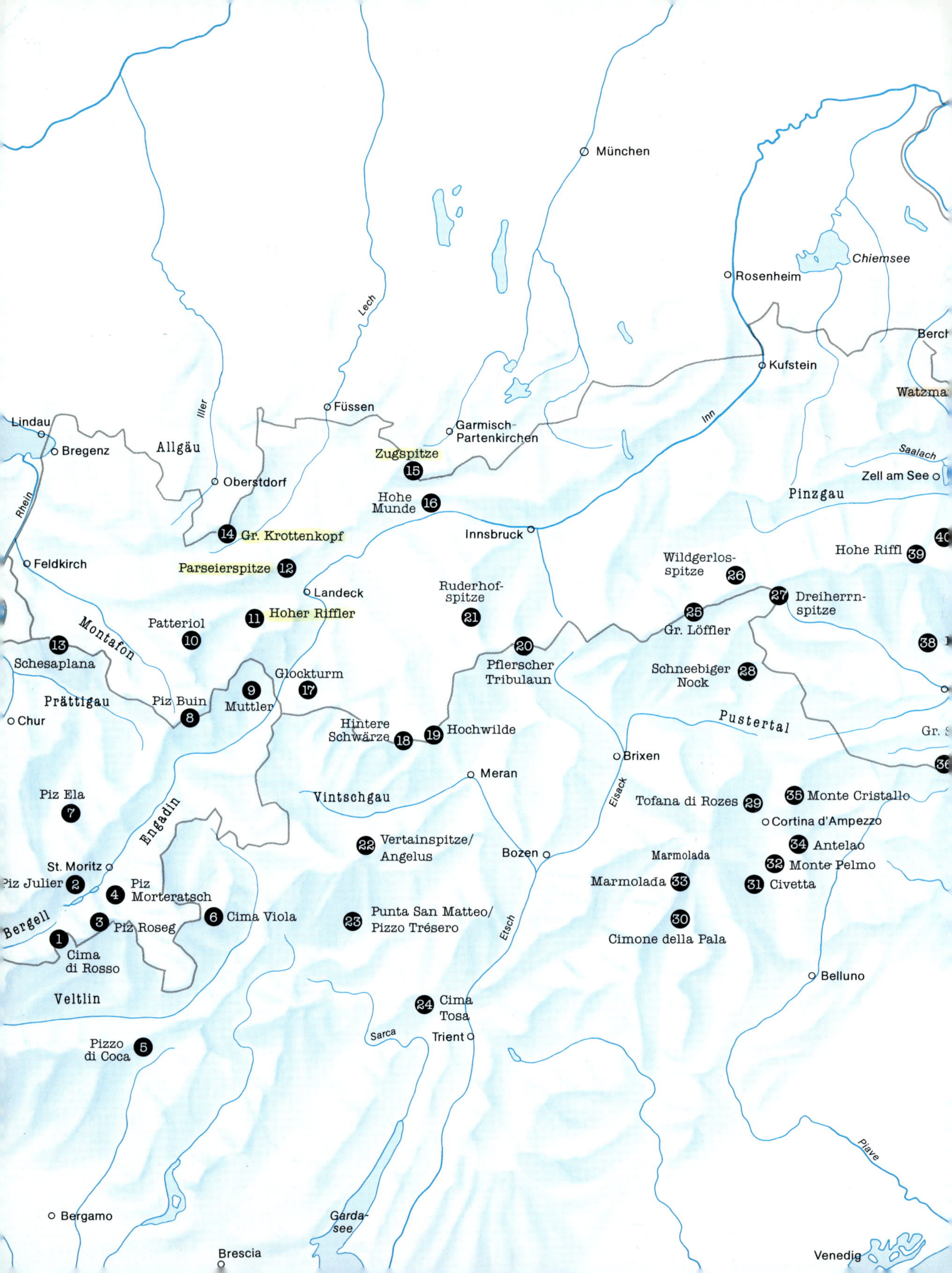

München
Chiemsee
Rosenheim
Lech
Kufstein
Berch
Watzma
Inn
Füssen
Iller
Lindau
Bregenz
Allgäu
Garmisch-Partenkirchen
Zugspitze
15
Saalach
Zell am See
Oberstdorf
Pinzgau
Hohe Munde
16
Rhein
14 Gr. Krottenkopf
Innsbruck
Feldkirch
Parseierspitze 12
Wildgerlos-spitze
26
Hohe Riffl 39
Landeck
Ruderhof-spitze
21
27 Dreiherrn-spitze
Patteriol
10
11 Hoher Riffler
25
Gr. Löffler
13
Montafon
20
38
Schesaplana
Pflerscher Tribulaun
Schneebiger Nock 28
Glockturm
17
9
Muttler
Prättigau
Piz Buin
8
Chur
Hintere Schwärze
18
19 Hochwilde
Pustertal
Brixen
Meran
Piz Ela
7
Vintschgau
Eisack
Tofana di Rozes 29
35 Monte Cristallo
Engadin
Cortina d'Ampezzo
22 Vertainspitze/ Angelus
34 Antelao
Bozen
Marmolada
St. Moritz
32 Monte Pelmo
Piz Julier 2
4 Piz Morteratsch
Marmolada 33
31 Civetta
Bergell
3 Piz Roseg
6 Cima Viola
23 Punta San Matteo/ Pizzo Trésero
30
Etsch
1
Cimone della Pala
Cima di Rosso
Belluno
Veltlin
24 Cima Tosa
Sarca
Trient
Pizzo di Coca 5
Piave
Bergamo
Garda-see
Brescia
Venedig